ここから始める生活科

末永　昇一　著

このテキストについて

「国語や算数とは何となく違う生活科。漢字練習や計算練習のようなことはしないし、何を教えればいいのだろう。」
「どんな授業にしたらいいのだろう。ただ楽しく遊んでいればいいのだろうか。」

　生活科は比較的新しい教科です。生活科はどうしてできたのか、どのような活動をすれば良いのでしょうか。1年生・2年生の担任になったときにあわてないために、このテキストで生活科がどのような教科なのかをつかんでおきましょう。
　またこのテキストには、ちょっとした授業のアイデアや指導案の書き方、教材研究や生活科に役立ちそうなおもちゃのつくり方なども載せました。必要に応じて活用してください。

学校図書

目 次

このテキストについて………………………………………………………… 1

第1部　どんな教科・生活科　…………………………… 4

1 生活科これまでの道のり ………………………………………… 4
 1　生活科誕生 ……………………………………………………… 4
 2　低学年理科・社会科の始まり ……………………………… 6
 3　低学年理科・社会科の問題点 ……………………………… 6
 4　低学年理科・社会科で学習していたこと ………………… 9

2 教科目標 ……………………………………………………………… 12

3 内容構成 ……………………………………………………………… 16

4 学習指導要領解説生活編（平成29年版）の見方 ……………… 18

第2部　授業にトライ・生活科　…………………… 20

1 はじめまして－自己紹介のアイディア …………………………… 20

2 友だちになろう …………………………………………………… 21

3 生活科授業のイメージ …………………………………………… 23

4 気付きの質を高める ……………………………………………… 25

5 飼育・栽培 ………………………………………………………… 32

6 教室を出て活動する学習と製作活動 …………………………… 36

7 スタートカリキュラム …………………………………………… 38

8 生活科の評価 ……………………………………………………… 45

第3部　指導案が書ける！　…………………………… 48

1 指導案は誰のもの ………………………………………………… 48

2 指導案の項目 ……………………………………………………… 49

3 学年　単元名 ……………………………………………………… 49

4 単元について ……………………………………………………… 49

5 単元の目標 ………………………………………………………… 52

6 指導計画 …………………………………………………………… 54

7 本時の指導 ………………………………………………………… 55

2

第4部　楽しい教材研究 ……………………………………… 56

- **1** どんくりでこまを作ろう ………………………………… 56
- **2** 季節を感じる遊びを創る ………………………………… 58
- **3** みずで あそぼう ………………………………………… 59
- **4** くうきで あそぼう ……………………………………… 60
- **5** おとで あそぼう ………………………………………… 62
- **6** 科学的な見方の基礎を養う－エネルギーを感じる遊び … 63
- **7** 鬼あそび ………………………………………………… 65
- **8** 自分自身の成長 ………………………………………… 66
- **9** 生活科の IT（information technology）………………… 68

ものづくり編

第5部　生活科に役立つ楽しい活動 …………………………… 70

- **1** ものづくり@生活科 …………………………………… 70
- **2** ものづくり@理科 ………………………………………100

おわりに ……………………………………………………………… 111

─── **1** 生活科これまでの道のり

第1部　どんな教科・生活科

1 生活科これまでの道のり

1　生活科誕生

　平成29年度に改訂された学習指導要領では、道徳と外国語の2つが新しい教科として誕生します。しかし道徳は以前からありましたし、外国語も外国語活動として実施されていました。新しい教科といっても「道徳ってどんな教科だろう」「外国語では何を教えたらいいのだろう」と考える人はいないでしょう。

　生活科誕生の時はそう簡単にはいきませんでした。それまで生活科という教科名はどこにもありませんでしたから、まさしく「生活科ってどんな教科だろう」「生活科では何を教えたらいいのだろう」という状態でした。戦後教育40数年、小学校の教科の改変は初めてという大きな出来事でした。

　どのようにして生活科が誕生していったのか調べてみましょう。

　生活科誕生の瞬間、「昭和62年12月29日の教育課程審議会最終答申」から、「2．教育課程の編成　(2)各教科・科目の編成等、②小学校における各教科の編成など」の全文です。

---

　②　小学校における各教科の編成等

　　小学校の中学年及び高学年の各教科の編成については現行どおりとするが，低学年については，生活や学習の基礎的な能力や態度などの育成を重視し，低学年の児童の心身の発達状況に即した学習指導が展開できるよう

❀4

にする観点から，新教科として生活科を設定し，体験的な学習を通して総合的な指導を一層推進するのが適当である。生活科は，具体的な活動や体験を通して，自分と身近な社会や自然とのかかわりに関心をもち，自分自身や自分の生活について考えさせるとともに，その過程において生活上必要な習慣や技能を身に付けさせ，自立への基礎を養うことをねらいとして構想するのが適当である。なお，これに伴い，低学年の社会科及び理科は廃止する。

したがって，低学年の各教科は，国語，算数，生活，音楽，図画工作及び体育により編成することとする。

なお，低学年においては，児童の心身の発達状況を考慮して総合的な指導を行うことが望ましいので，生活科の設定後においても教科の特質に配慮しつつ合科的な指導を一層推進するのが適当である。

● 「昭和62年12月29日教育課程審議会最終答申」

　この答申を受け、平成元年の指導要領から生活科が誕生することになりました。答申をよく読むと、低学年の社会と理科がなくなり、生活科が誕生したことがわかります。

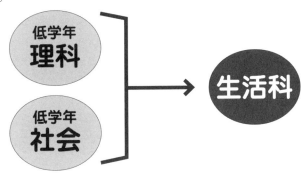

　でも、子どもの発達に必要だから低学年に理科や社会があったはずです。では、低学年の理科が始められたころはどうだったのでしょう。

2 低学年理科・社会科の始まり

　低学年理科が始められたのは昭和16年からです。私が小学生のころは1年生から理科や社会科がありました。

　低学年理科の設置要望は、明治時代から続けられていたそうですから、昭和16年にやっとその運動が実ったということになります。

　方今国民に科学的知識を普及しその科学的趣味精神を涵養するの急務は，何人も之を論ずる所にして贅言を要せず。而して其の基礎となり出発点となるものは，小学校に於ける理科教授を措いて他に之を求むべからざるや勿論なり。然るに我が国尋常小学校に於ける理科は本来第5学年に於て始めて之を課し，本年に至りて僅かに第4学年より始むるの運に至れる如きは，到底此の急務を満す能わざるを如何せん。之初学年より自然科方面の教授を課する必要ある所以なり。

●「郷土中心低学年の自然研究」、松原惟一著、人文書房
昭和6年12月15日刊

　社会科は昭和22年の学習指導要領から始まりました。「22年版学習指導要領社会科編（試案）」では、「社会科の任務は，青少年に社会生活を理解させ，その進展に力を致す態度や能力を養成することである。そして，そのために青少年の社会的経験を，今までよりも，もっと豊かにもっと深いものに発展させていこうとすることがたいせつなのである。」としています。なお社会科は昭和22年の誕生時に1、2年から学習するようになっています。

3 低学年理科・社会科の問題点

　やっとの思いで始められた低学年理科、重大な任務を帯びてスタートした社会科ですが、平成元年には低学年理科・社会科は廃止になってしまいます。いっ

たいどんな問題点があったのでしょうか。

　まず、理科の問題点について考えてみます。低学年理科が廃止になる寸前の雑誌を調べてみました。

　「しかしながら、戦後においても学習指導要領改訂の度に、低学年理科の在り方や存廃が話題となり、現在また中央教育審議会の審議の中で、論点の一つとなっている。このことは、先人の努力にもかかわらず、低学年理科の意義や価値の認識が一般に十分浸透していないことを示している。」

●引用：初等理科教育 1983 年 11 月「人間教育からみた低学年理科の役割」、奥井智久

　「教師自身、理科とは何ぞや、なぜ理科が必要なのかという命題にこたえることなく、すぐに、何を教えれば理科になるのかという、目先のことだけを問題にしているという傾向はないだろうか。」

●「初等理科教育 1983 年 11 月」　巻頭言、荻須正義

　さらに清水堯 氏（当時國學院大學栃木短期大学教授）は実践上の反省すべき点として次のように述べています。

● やっぱり知識中心になっていなかったか
　「…しながら、…に気付かせる」と表現した意図が「…に気付かせるために、…をさせる」というように逆転して受け取られていることはないだろうか。なお、「到達度目標」などが、この傾向に拍車をかけたのかもしれない。
● 問題解決が形だけのものに終わっていないだろうか
　子供主体の問題解決が大切だと言いながらも実際は、教師が目的・目標

を与え、解決方法を与えあとはやらせるだけのものになっていないかどうか、果たして、子供自身に発想させ、選択させ、判断・実行させるような問題解決を積み上げてきたかどうか大いに検討すべきだと思う。

●1人ひとりの活動が次の活動への原動力になっていくのであるが、抽象化・一般化を急ぎ、個々の活動時間が切り捨てられるとか、集団の中で希薄なものとなり、個人の発想・創造の喜びなどが十分とはいえないのではなかろうか。

このような反省は次々とあげることができるが、要するに教師の知識中心の考えに基づくものと考える。そうなる理由は、知識を教える方がやさしい、テストの結果にはっきり表れる、などであろうか。更に、何のための理科教育であるか、最も重要なところが理解されていないからではないだろうか。

●初等理科教育 1988 年 2 月 『「生活科」と「理科教育」』、清水 堯

では社会科ではどうでしょうか。

たとえば農家の仕事について調べます。代掻きや田植えが大変だ。猛暑の中で雑草を取らなければならない…。そして農家の方々に感謝の気持ちを持って…と授業が進んでいきます。さてこのような授業と道徳との違いはどこにあるのでしょうか。

さらに、理科で清水氏が述べていた 3 点はそのまま社会科にも当てはまりそうです。当時、内容について教えるだけ（覚えるだけ）であれば国語で十分ではないかという話も聞こえてきました。実際、低学年の担任をしていた国語の先生が「国語として教えれば十分だから、僕は理科や社会科はやらないよ。」と言っていたのを思い出します。

理科でも社会科でも、活動中心の扱い、主体的な学習、知識をゴールとしない学習を忘れてしまった点が大きいようです。これは生活科の学習でも大切なポイントではないでしょうか。

4 低学年理科・社会科で学習していたこと

　生活科が始まる前、低学年の理科と社会科でどのような学習をしていたのか見てみましょう。昭和 52 年度の学習指導要領（昭和 55 年 4 月から施行）の教科の内容を列挙してみます。

【理科】　第 1 学年

(1)　いろいろな植物を探したり、葉、花、実などを使った活動をしたりさせながら、それらの色、形、汁などの特徴に気付かせる。

(2)　植物の種子を蒔いたり、球根を植えたりして育てさせながら、植物が育つには水が必要なこと及び植物が育つときの著しい変化に気付かせる。

(3)　いろいろな動物を探したり飼ったりさせながら、動物の食べ物、体の形、動きなどの特徴に気付かせる。

(4)　動くおもちゃを工夫して作ったり動かしたりさせながら、風、ゴムなどのはたらきに気付かせる。

(5)　磁石を使った活動を工夫させながら、磁石に付く物と付かない物とがあること及び磁石のはたらきに気付かせる。

(6)　物の影を利用した活動を工夫させながら、日なたにできる物の影は同じ向きになっていること及び物によってできる影の形、濃さなどに違いがあることに気付かせる。

(7)　晴れた日や雨の降る日に、空や地面の様子を見たり、雨水、氷などを使った活動を工夫したりさせながら、天気によって地面の様子に違いがあることに気付かせる。

(8)　いろいろな石を集めたり、石を使った活動を工夫したりさせなから、石には、色、形、手触りなどに特徴があることに気付かせる。

【理科】 第2学年

(1) 植物の種子を蒔いて育てさせながら，植物は芽を出して育ち，花が咲いて多くの種子ができること及び日なたと日陰とでは育ち方に違いがあることに気付かせる。

(2) 草むら，水中などの動物を探したり工夫して飼ったりさせながら，それらの食べ物，住んでいる場所，動きなどに違いがあることに気付かせる。

(3) 物を水に溶かし，溶ける様子を見たり，溶かし方を工夫したりさせながら，物と水の変わる様子及び水の温かさによって溶ける速さに違いがあることに気付かせる。

(4) 空気を入れ物の中に閉じ込めたり，水の中に入れたりさせながら，身の回りには空気があることに気付かせる。

(5) おもりで動くおもちゃを工夫して作ったり動かしたりさせながら，おもりの重さ，付け方などによって，動きに違いがあることに気付かせる。

(6) 乾電池に豆電球，導線などをつないで点燈したり，それらを使った活動を工夫したりさせながら，豆電球が点燈するつなぎ方及び電気を通す物と通さない物とがあることに気付かせる。

(7) いろいろな物を使って音を出したり伝えたりさせながら，音が出ている物は震えていること及び糸などは音を伝えることに気付かせる。

(8) 日なたと日陰の地面の様子を比べて，地面の暖かさ，乾き方，水の温まり方などに違いがあること及び日陰の位置は太陽の動きによって変わることに気付かせる。

(9) 砂や土と水とを使った活動を工夫させながら，砂や土の手触り，固まり方，水の滲み込み方，水の中に入れたときの沈む様子などに違いがあることに気付かせる。

【社会科】　第1学年

(1)　学校生活を支えている先生やその他の人々の仕事の様子に気付かせる。

(2)　学校や公園にある道具や施設を人々が共用していることに気付かせる。

(3)　学校やその周りにある通学路の位置を確認し，道路の安全施設のはたらきや安全を守る人々の仕事の様子に気付かせる。

(4)　家庭生活を支えている家族の仕事の様子に気付かせるとともに，日常生活で使われている水，電気，ガスなどの大切なはたらきに気付かせる。

(5)　自分たちの成長に伴って家庭生活の様子が変わってきたことや，季節の移り変わりに適応した生活の工夫があることに気付かせる。

【社会科】　第2学年

(1)　日常生活に見られる職業としての仕事を整理するとともに，小売店の人々は客が品物を買いやすいように販売の上でいろいろ工夫していることに気付かせる。

(2)　農作物を栽培する人々や水産物を育成したり採取したりする人々は自然の条件を生かす工夫や災害を防ぐ努力をしていることに気付かせる。

(3)　工場で働く人々は原料を加工して製品を作るために仕事を分担しながら協力していることに気付かせる。

(4)　乗り物で働く人々は乗り物の出発や到着の時刻を守りながら乗客の安全な輸送に努めていることに気付かせる。

(5)　郵便物の集配に携わる人々は郵便物を確実に早く届けるように努めていることに気付かせる。

●国立教育政策研究所、学習指導要領データベース

② 教科目標

Ⓐ
　具体的な活動や体験を通して，自分と身近な社会や自然とのかかわりに関心をもち，自分自身や自分の生活について考えさせるとともに，その過程において生活上必要な習慣や技能を身に付けさせ，自立への基礎を養う。

Ⓑ
　具体的な活動や体験を通して，自分と身近な人々，社会及び自然とのかかわりに関心をもち，自分自身や自分の生活について考えさせるとともに，その過程において生活上必要な習慣や技能を身に付けさせ，自立への基礎を養う。

　Ⓐは，生活科ができたときの生活科の目標です。Ⓑは平成20年版の目標です。少し詳しく見てみましょう。

○ 具体的な活動や体験を通して

　生活科が誕生した経緯を思い出してください。低学年の理科と社会科が廃止になって生活科が誕生したのはどうしてだったのでしょうか。新しい教科である生活科が低学年理科・社会科と同じ道をたどらないようにするためには，この部分が大切になってくることがわかるでしょう。

○ 自分と身近な（人々）社会や自然とのかかわりに関心を持ち

　低学年の理科と社会科が廃止されたのですから生活科では理科＝自然，社会科＝身近な社会が学習対象となることは明らかです。大切な点はいずれも「自分とのかかわり」に関心を持つという点でしょう。

自然と自分とのかかわりに関心を持つというのは具体的にどうすることでしょうか。例えば学校にいる虫や植物だったらどうでしょう。身近な社会と自分とのかかわりに関心を持つというのは具体的にどうすることでしょうか。例えば近所の公園だったらどうでしょう。

　Bでは「人々」という言葉が入っています。この言葉のある無しで、目標はどのように変わってくるでしょうか。

〇 自分自身や自分の生活について考えさえるとともに

　自然や身近な社会に関心をもって自分自身や自分の生活について考えるというのは、どんなことを考えればよいと思いますか。

〇 その過程において生活上必要な習慣や技能を身につけさせ

　「生活上必要な習慣や技能」というのは具体的にはどのような習慣や技能のことでしょう。例えば1年生の学校探検ではどうでしょうか。

〇 自立への基礎を養う

　「自立への基礎」というのはどんなことでしょう。学習指導要領には3つの自立を意味しているとあります。3つの自立とはどのようなことでしょうか。

　①学習上の自立とは

　　楽しそうなことを進んでする。自分の考えや気付いたことなどを適切に表現する。

　②生活上の自立とは

　　自分のことは自分でする。挨拶やお礼などもきちんとできる。周りの人たちと適切に関わる。もっと良い生活をめざして行動する。

　③精神的な自立とは

　　自信をもっている。意欲的に生活している。夢や希望をもっている。

C

　具体的な活動や体験を通して，身近な生活に関わる見方・考え方を生かし，自立し生活を豊かにしていくための資質・能力を次のとおり育成することを目指す。

　Cの目標は平成29年改訂（30年度先行実施、32年度全面実施）のものです。全教科を通して目標の書き方を統一したので今までとずいぶん変わっています。道徳以外どの教科も「見方・考え方を働かせ（生活科は「生かし」）、資質・能力を育成することを目指す」としています。

○ 身近な生活に関わる見方・考え方を生かし

　社会や自然と自分がどう関わっているかな、という視点のことを「見方」としています。

　自分自身や自分の生活について考えることやそのための方法を「考え方」としています。子どもが持っている力（見方・考え方）を存分に発揮することが「生かし」になります。

○ 自立し生活を豊かにしていく

　今までは「自立への基礎を養う」としていた部分です。「基礎を養う」だけでなく「生活を豊かにしていく」となっています。幼児期の終わりごろには自立心が育ってほしいとしているからです。（改訂保育指針）「豊かにする」とは、自分の生活に学んだことや得たことを生かし今よりよい生活にしていこうとすることです。低学年の子どもでも、学習したことを活用できるようにするのが大切なのです。

　今度の学習指導要領では、柱書きの下に具体的にどのような資質・能力を育成するのか書いてあります。

C 続き

(1)　活動や体験の過程において，自分自身，身近な人々，社会及び自然の特徴やよさ，それらの関わり等に気付くとともに，生活上必要な習慣や技能を身に付けるようにする。

(2)　身近な人々，社会及び自然を自分との関わりで捉え，自分自身や自分の生活について考え，表現することができるようにする。

(3)　身近な人々，社会及び自然に自ら働きかけ，意欲や自信をもって学んだり生活を豊かにしたりしようとする態度を養う。

(1)は知識・技能の基礎、

(2)は思考力、判断力、表現力等の基礎、

(3)は学びに向かう力、人間性等です。

　(1)は、20年版でも「生活上必要な習慣や技能を身に付けさせ」とあったので同じでしょう。

　(2)は、20年版では「考えさせる」とあっただけなのでこの部分が強くなりました。学年の目標のところにも「考える」という言葉やその方法がたくさん書いてあることがわかります。次のような学習活動によって考えられるようにします。

【分析的に考える】
　見付ける　比べる　たとえる
【創造的に考える】
　試す、見通す、工夫する

　具体的には学年の目標や、生活科の内容の項目に例を挙げて説明してありますので読んでみましょう。

　(3)は学びに向かう力、で新しい部分ですが、「自ら働きかけ」や「意欲や自信をもって学ぶ」は今までも大切にしてきましたので大きな変化はないと考

えてよいでしょう。「生活を豊かにする」という学習したことを活用する面は、意識して取り組む必要があります。

3 内容構成

	生活科の内容	主な活動
(1)	学校と生活	学校探検
(2)	家庭と生活	お手伝い作戦
(3)	地域と生活	町探検
(4)	公共物や公共施設の利用	町探検
(5)	季節の変化と生活	季節の遊び（自然） 季節の行事と遊び
(6)	自然や物を使った遊び	季節の遊び（自然） 作って遊ぼう
(7)	動植物の飼育・栽培	あさがお等の栽培 野菜の栽培・収穫 生き物を育てる
(8)	生活や出来事の伝え合い	（全ての活動で行う）
(9)	自分の成長	もうすぐ2年生

生活科の内容は(1)～(9)の9つです。「主な活動」の欄は、その内容を教科用図書（以下、教科書とします）ではどう扱っているのかがイメージできるように作ってみました。単元の組み方やネーミングが教科書会社によって全然違うので、代表的な単元名（漢字表記に改め）、またはこんな活動をする、ということで書いてあります。実際に教科書を見て、それぞれの内容が具体的にどのような活動になっていくのか調べてみましょう。

9つの内容は大きく3つにまとまっています。太線で囲んであるのがそのまとまりです。

❀ 16

(1)(2)(3) - 学校、家庭、地域の生活
(4)(5)(6)(7)(8) - 身近な人々、社会、自然との関わり
(9) - 自分自身の生活や成長

学習指導要領では、9つの内容、3つの階層として下図のように示してあります。

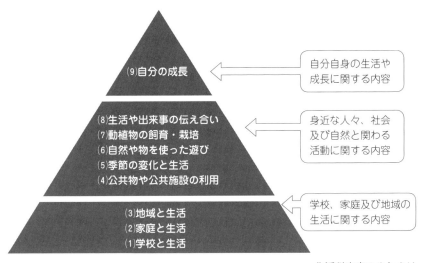

生活科内容のまとまり

　学校、家庭、地域と子どもたちの生活圏・フィールドをしっかり安定させ、その中で様々な人々、社会、自然と関わりを持ち、自分自身の成長を実感し、一層成長しようとする子どもにすると、とらえることができます。生活科の目標に迫るために具体的な内容が位置付けられていることがわかるでしょう。

4 学習指導要領解説生活編（平成29年版）の見方

　目標や内容構成などは学習指導要領解説に詳しく書かれています。目次を整理しておくとすぐ使えて便利です。平成29年版のものを見てみましょう。

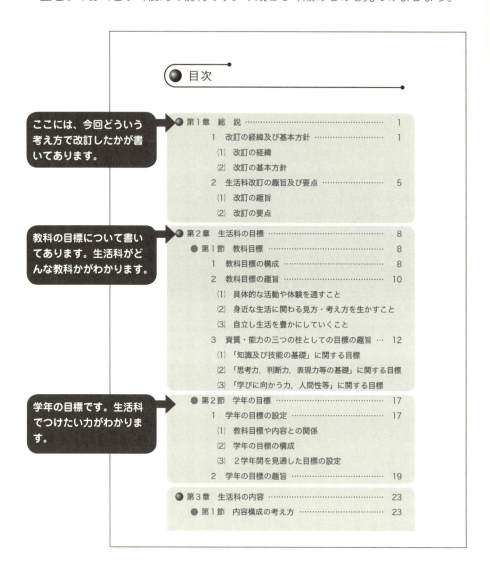

1	内容構成の具体的な視点	23
2	内容を構成する具体的な学習活動や学習対象	24
3	内容の構成要素と階層性	24
(1)	各内容の構成要素	
(2)	内容の階層性	
● 第2節	生活科の内容	29

> 学習内容です。具体例もあるので、学習指導案を書くときにはここをよく読んで書きましょう。

● 第4章	指導計画の作成と内容の取扱い	52
1	指導計画作成上の配慮事項	52
2	内容の取扱いについての配慮事項	67
● 第5章	指導計画の作成と学習指導	73
● 第1節	生活科における指導計画と学習指導の基本的な考え方	73
1	カリキュラム・マネジメントを意識した指導計画の作成	73
2	学習指導の特質	74
● 第2節	生活科における年間指導計画の作成	78
1	児童一人一人の実態に配慮すること	78
2	児童の生活圏である地域の環境を生かすこと	79
3	各教科等との関わりを見通すこと	81
4	幼児期の教育や中学年以降の学習との関わりを見通すこと	82
5	学校内外の教育資源の活用を図ること	84
6	活動や体験に合わせて授業時数を適切に割り振ること	85
● 第3節	単元計画の作成	87
1	内容の組合せ	87
2	単元の構想と単元計画の作成	88
3	生活科の学習過程	90
4	低学年特有の発達・成長への配慮	91
5	学習評価の在り方	92
● 第4節	学習指導の進め方	94
1	試行錯誤や繰り返す活動を設定する	95
2	伝え合い交流する場を工夫する	96
3	振り返り表現する機会を設ける	97
4	児童の多様性を生かし，学びをより豊かにする	98

> 第3章の内容を組み合わせ、他教科との関連などを考慮に入れて指導計画をつくります。その時の留意点について書いてあります。
> 単元のつくり方や評価についてもここに書いてあります。

> 学習の進め方です。ここを一読してから指導にあたりましょう。

　どの項目も大切なものですが、これから単元について考え、学習指導案を書こうとするときには、特に第3章第1節の学習内容の部分と、第5章第3節の単元計画、それから第4節の学習指導の進め方を一読するようにしましょう。単元のめあてや単元の組み方、授業を進める上で大切にしなければいけない部分がわかるはずです。

1 はじめまして - 自己紹介のアイディア

第2部　授業にトライ・生活科

1 はじめまして－自己紹介のアイディア

　入学式が終わり、子どもたちが無事教室に入りました。1年生の担任として初めて子どもたちと顔を合わせます。「どんな子どもたちかなあ。」「どんな学級になるかなあ。」

　でも子どもたちもそれは同じです。「どんな先生かなあ。」「楽しい教室になるかなあ。」「友だちできるかなあ。」

　お互いに不安がいっぱい。でも期待もいっぱいです。

　そして教室の後ろの方には保護者の方々が、やはり期待と不安の表情でこちらを見つめています。

　そして担任の第一声。これも授業と考えましょう。

　「おはようございます。1年〇組担任の…」

　第一声は自己紹介です。名前を言うだけなら簡単ですが、子どもにも保護者にもちょっと印象付けたいところです。どんな自己紹介をしますか。

　そして次の日、今日は生活科の授業、第1日目。子どもたちを前にもう一度自己紹介。今度は名前だけでなく、どんな人間か子どもたちに少し知らせた方がよいですね。子どもたちが親しみを持ってくれるためにはどんな自己紹介をするか、学級の約束事で一番守ってほしいことを自己紹介の中にどう組み入れるか、担任の腕の見せ所です。

✿20

2 友だちになろう

新しいクラスですから、子どもたちは互いに知りません。名前は？どんな子？はやく友だちを作りたいのだけれど…。

生活科のスタートは互いの自己紹介からです。子どもたちが楽しく活動しながら、たくさん友だちをつくるような自己紹介はどうしたらよいでしょうか。

例えば

○ **ゲームで自己紹介**

どんなゲームがあるでしょうか。

○ **カードや名刺を作って自己紹介**

カードや名刺の内容は？

○ **握手大作戦**

ただ、たくさんの子と握手をすればよいでしょうか。

○ **全体の前で一人ずつ**

人数が多いと終わらない、覚えられない。

○ **班や近くに座っている子を中心にして**

得意な子とそうでない子を見極めて。

○ **ランダムに**

偏りなく触れ合う方法は。

正解はありません。担任の工夫がクラスを創ります。スタートカリキュラムを参考にするのもよいでしょう。

ここでは自己紹介カードを工夫してみましょう。学級担任としてどんな紹介カードを用意しますか。

2 友だちになろう

例1　名刺風

なまえ

すきな　たべものは

すきな　あそびは

すきな　てれびは

すきな　げーむは

紹介カード（名刺風）

例2　フリー

　名前以外はフリースペースにして、自由に書かせる。

例3　自画像と吹き出し

　中央に自分の顔をかき、吹き出しで好きなものや好きなことなど紹介したいことを書く。（名前を書き忘れる子がいるので注意。）

　担任がちょっとした工夫をすることによって、子どもたちの楽しい活動が引き出されます。絵が得意だったらオリジナルのカットを入れても楽しくなります。楽しく活動できる紹介カードを考えてみましょう。

3 生活科授業のイメージ

　大学生に生活科の授業についてどんなイメージを持っているか聞いてみました。圧倒的に多かったのが「楽しい」でした。でもよく見ると様々でした。

　○ よくわからないけど楽しい。

　○ 遊びみたいだから楽しい。勉強の感じがしない。

　○ 自由で楽しい。

　○ 活動的で楽しい。

　○ 外で活動して楽しい。

　○ 販売体験をして楽しい。

　○ 友だちと協力したり地域と触れ合ったりして楽しい。

　○ 新たな気付きがあり、ワクワクして楽しい。

　また、生活科の授業に対して次のような疑問を持っている学生もいました。

　○ 図工とどこが違うのだろう。

　○ 1、2年生で終わってしまうのはなぜだろう。総合的な学習の時間、理科、社会科とどういう関係だろうか。

　○ ほかの教科と重複している内容があるのではないか。

　○ 教科書はどう使うのだろうか。

　○ ただ遊んでいるだけでいいのだろうか。

　生活科は平成元年に誕生しました。そのとき同時に低学年（1、2年生）の理科と社会科がなくなりました。つまり平成元年の時点では低学年の理科と社会科が生活科に置き換えられた形になります。生活科は自然、社会、自分自身が対象なのですから、低学年の理科と社会科が生活科になったと考えるのが自然でしょう。

3 生活科授業のイメージ

> 　1～2年生の「うごくおもちゃ」の授業は私自身何度か試みてきたし、また他の先生方の授業も見せていただいてきた。そして、子どもたちの反応を見るたびにその行動と思考のおもしろさに感心してきた。
>
> 　ところが、アサガオ・ホウセンカ・ヒマワリといった栽培をし、観察する教材となると途端に「一つ絵でも書かせて（原文のママ）おこう」で終わってしまう。手間はかかるし、何の反応も示さない。いや、反応を示すことのできない授業をしていたのである。
>
> ●鈴木孝彰「具体的に働きかける活動を重視したアサガオの指導計画」
> 初等理科教育　1981年10月号　Vol.15No.11 初教出版

　低学年理科があったころの実践研究の冒頭です。鈴木先生はこのような現状を打破するために「具体的に働きかける活動を重視」した指導計画の研究をしたわけです。活動だけの低学年理科だったり、知識を教え込む低学年理科だったりしたために生活科が誕生したのではないでしょうか。

　生活科誕生の経緯から考えて、「活動だけ」や「教え込む」は生活科で行ってはいけないことでしょう。子どもとしては遊びみたいで楽しいと感じていても、教師からみると授業の意図に沿った子どもの学びがなければならないのです。ただ遊んでいるだけでよいのでしたら、貴重な授業時間を使う必要はないはずです。

　そこでキーワードとなるのが「気付き」です。生活科では、「気付きの質を高める」ことが大切なのです。

4 気付きの質を高める

1 気付き

　理科では自然の事物・現象についての理解を深めることを目指しています。社会科では社会生活についての理解を深めることを目指しています。では生活科は何を目指しているのでしょうか。

　秋の校庭で落ち葉拾いをします。子どもたちは思い思いに気に入った落ち葉を拾ってきます。

　「〇〇ちゃん、たくさん拾ったね。」

これだけでは学習になりません。こんな声かけはどうでしょうか。

　「いろいろな形があるけれど、全部赤いね。」

　「同じ形の葉っぱなのに、みんな色が違うね。」

　中には、見ただけではどこが気に入ったのかわからない場合もあります。

　「この葉っぱ、どうして選んだの？」

　「これはキツネの形、これはクマ、これはカエルだよ。」

　子どもたちそれぞれに、特徴的な色、形、におい、など気に入った理由があるはずです。自然を楽しみ季節を感じ取るということは、色や形、においなどの特徴に気付くことなのではないでしょうか。

　生活科では、このような「知的な気付き」ができることを目指しています。

　学校探検で子どもたちが校長室に来ます。

　「校長室のソファーは、ふわふわして気持ちがよかったよ。」

　教室にはソファーがありませんが校長室にはあります。自分の教室と比べることでソファーに気付くのです。どうして校長室には教室にはないソファーがあるのでしょうか。そしてそのソファーがふわふわしているのはどうしてでしょうか。生活科の学習は、こうした何気ない気付きから始まるのです。こうした気付きを基に考えることができるようにし、そして生活を豊かにするよう

🌸 25

に工夫していく子どもに育てていくのが生活科だと言ってよいでしょう。

2　気付きの質を高める

　落ち葉にはいろいろな色があることに気付けば充実した学習活動が行われたと言えるでしょうか。せっかく「様々な色の落ち葉」という良い視点に気付いたのですから、レベルアップさせたいものです。より質の高い気付きを引き出し、落ち葉という対象、秋という対象に興味を持たせたいものです。どのような働きかけが有効でしょうか。

　「葉っぱはみんな赤なのかな。他の色の葉っぱも集めてみようか。」
と、直接問いかけてもよいでしょう。でも、色以外の視点で集めた子どもと交流させてみてはどうでしょうか。ミニ発表会を開いてみるのもよいアイディアです。自分が気付かなかった発見をした友だちのよさに、気付くことができます。また「自分は友だちと違ってこんなことに気付いたんだ」、という自分自身への気付きも得られることでしょう。

3　見つける・比べる・たとえる

　秋の校庭の落ち葉拾いで、初めの1枚を拾います。きれいな赤い落ち葉でした。きっと落ち葉の赤い色が、その子の感性に触れたのでしょう。そして次の1枚を探します。1枚目の落ち葉と比べて、同じくらい赤い落ち葉を探すことでしょう。さらに赤い1枚、さらに赤い1枚と続き、手にはいろいろな形、微妙に違う赤色をした落ち葉がたくさん集まります。「見つける」-「比べる」活動によって子どもの充実した活動が続けられました。

　友だちの集めた落ち葉を見せてもらいました。友だちはいろいろな色の落ち葉を集めていました。中には1枚の落ち葉なのに赤いところや黄色いところ、緑色のところがある落ち葉もありました。そして今度は色の混ざった落ち葉を探します。「比べる」-「見つける」活動によって気付きの質が高まります。

『落ち葉は赤ばかりだと思っていたけれど、いろいろな色があるんだな。1枚でもいろいろな色の落ち葉もある。どうしてだろう。』こんな疑問を持つかもしれません。木についている葉の色と「比べて」みます。木の葉は緑色が多いことに「気付き」ます。『緑色の葉が、黄色や赤に変わっていくんだ』このような「気付き」があった時、気付きが高まったと言えるのではないでしょうか。
「先生、落ち葉って色水遊びみたいだね。」
「え、どうして落ち葉と色水遊びが同じなの。」
「落ち葉ってね、赤と青の　色水を混ぜたときみたい　に、だんだん色が変わっていくんだよ。」
　何か発見があった時、子どもは「たとえて」表現したくなります。
　このように気付きの高まりは「見つける」「比べる」「たとえる」活動によってもたらされます。
　「活動あって学びなし」の生活科にならないようにするために、生活科の学習をより充実させるために、「気付きの高まり」は必要不可欠です。「見つける・比べる・たとえる」は充実した学習のためのキーワードと言えましょう。

4 分析的に考える−見つける・比べる・たとえるへの支援

① 「見つける」への支援

　自分が育てているアサガオに毎朝水をやります。今日の1時間目は体育なので、素早く水やりをすませて教室に戻ってきます。その中でいつものんびりしているB君。今日もゆっくりとマイペースです。

　クラスのほとんどの子が着替え終わったころB君が帰ってきました。
「先生！あのね、アサガオの種を植えたところから緑色の輪っかが出ていたよ。あれ、なんだろう。」
B君はクラスで一番にアサガオの芽を見つけたのでした。

　このように「見つける」ためにはじっくり観察したり、思う存分操作したりすることが必要です。対象に興味を持ち、充分時間を使って活動することが「見つける」につながります。

② 「比べる」への支援

【何を比べる】

　比べる対象は物だけではありません。町探検でのおじさんのお話やどんぐりゴマの回し方など、どんなことでも「比べる」対象になります。日ごろから「比べる」ことを大切にすることが、よい「気付き」につながります。

　また、比べる対象がいつも目の前に並んでいるとは限りません。きのう見た物だったり、幼稚園での思い出だったりと様々です。

	A	B	C	D	E	F
A 目の前						
B 離れた場所						
C 過去（未来）						
D 経験						
E 自分の考え						
F 友だちの考え						

Ａ（目の前の物や出来事）とＡ（目の前の物や出来事）を比べる、Ａ（目の前の物や出来事）とＢ（離れた場所の物や出来事）を比べる、から始まり、Ｆ（友だちの考え）とＦ（友だちの考え）を比べるまで、この表だけでも36種類の「比べる」をリストアップすることができます。

【どこを比べる】

　落ち葉拾いの活動を思い出してみてください。赤い葉を集めた子は色に着目して「比べて」います。形に着目して比べる子もいます。このように「比べる」時に、何に着目して比べたのか、という視点が大切になります。

　人間は主に目、耳、鼻、口、皮膚を使って外からの情報を取り入れます。この5つの感覚器官からの情報（五感）が比べるときの視点となります。

> 形・色・動き・音・におい・味・触感

　更に一つ一つの感覚器官からの情報を総合して生まれてくる感覚や感情なども、比べるときの視点となります。例えば「春」の感じと「夏」の感じは、五感のどれが違うとは言いにくいですが何となく違いますね。

【比べる力をアップする】

　何かと何かを比べると、「あ、同じだ」「あ、ここが違う」と類似点と相違点が明らかになります。ここで、類似点と相違点に留まらず、次の2つの見方を持っていると「比べる」力がアップして課題や問題へとつながることが多いです。
○ 同じだと思っていたのに違うところ
○ 違うと思っていたのに同じところ
　自分のおもいや考えと比べた結果が違うのですから、「あれ、おかしいな」ともっと深く見たり考えたりしたくなるはずです。

④ 「気付きの質を高める

③ 「たとえる」への支援

「アサガオの葉は、赤ちゃんの手みたいにふわふわだったよ。」「お祭りの太鼓は、どーん、どーん、とお腹に響くみたいだったよ。」

「たとえる」によって「気付き」がより一層明確になります。

「たとえる」は、気付きを直接表現しにくい時に便利ですが、直接表現できる場合には無理にたとえる必要はないでしょう。アサガオの葉に細かい毛がたくさん生えているから柔らかい、と気付いた子どもに「何みたいに柔らかいの?」と聞くと、子どもはきっと困ってしまうことでしょう。

5　創造的に考える－試す・見通す・工夫するへの支援

①　「試す」への支援

子どもが試したくなるのはどういうときでしょうか。先生がどんぐりゴマを見せてくれると、子どもは「ぼくも作ってみたいなあ」と思うでしょう。子どもが願いをもつと試したくなります。まず試したくなるような願いをもたせる支援が必要です。

どんぐりゴマを作り、回してみます。作ったコマは、初めから思い通りには回ってくれません。軸の入れ方を変えてみたり、軸の長さを調節したり、回し方を変えてみたり、友だちのコマと比べてみたり、いろいろなことが試したくなります。このとき可能な限り多様に試すことができれば情報量が多くなり、願いの実現に近づきます。多様(量、様々な視点)に試すことができるような支援が思考につながります。

②　「見通す」への支援

闇雲にたくさん「試す」活動を繰り返しても、願いに近づかないことがあります。こういうときは一歩離れて自分の活動を客観的に見られるようにするとよいでしょう。よく回るどんぐりゴマを紹介したり、よく回るコマと比

30

べてどこが違うのか考えさせたりするのです。そうすると、「軸の長さを変えるとよさそうだ」「どんぐりの尖ったところに秘密がありそうだ」など、次への見通しが持てるようになるでしょう。

　3年生からは学習の中で予想を立てたり、理科では実験方法を考えたりしますが、これには見通す力が必要です。1、2年生の時から見通すことの良さを体験させたいものです。

③　「工夫する」への支援

　良く回るどんぐりゴマができました。初めの内は、そのコマで遊ぶことが楽しいはずです。しかししばらくすると物足りなくなってきます。こういう時に工夫する活動が行われると、学びが一層深くなります。

　「もっと長く回るこまにしたいな」「持つ方が下になるように回せないかなあ」「手の上で回したい」「友だちと長回し競争がしたいな」「かわいいどんぐりゴマにしたいな」などと様々に広がっていきます。仕組みを工夫したり遊びを工夫したりするのです。このような活動が、創造力の育成につながっていくと考えられます。

5 飼育・栽培

生活科では飼育や栽培を行います。学習指導要領ではどんな生き物を飼育し、どんな植物を栽培するのかは決めていません。手元にある教科書ではどんな生き物を飼育・栽培しているか調べました。

【飼育の対象】（上巻－①、下巻－②と表記）

出版社	飼育の対象
学校図書 （平成 28 年）	②ザリガニ、ダンゴムシ、キリギリス、アリ、ヤゴ、アゲハチョウ
大日本図書 （平成 27 年）	②ダンゴムシ、カタツムリ、やご、ザリガニ
東京書籍 （平成 27 年）	①ウサギ、ハムスター、モルモット ②カエル、ダンゴムシ、ザリガニ、アゲハ

※学校図書ではモルモット、チャボ、うさぎ、やぎ、あひる、大日本図書ではウサギ、モルモット、ハムスター、ニワトリ、ヤギ、ヒツジがいずれも①で出てきますが、「飼ってみよう」のコメントはありません。
※平仮名、カタカナなどの表記は教科書と同じにしました。

【栽培の対象】

出版社	飼育の対象
学校図書 （平成 28 年）	①あさがお、ひまわり、さるびあ、ひゃくにちそう、まりいごうると、ほうせんか、こすもす ②ミニトマト、オクラ、エダマメ（ダイズ）、ナス、キュウリ、トウモロコシ、ジャガイモ、ピーマン、ニガウリ、ハツカダイコン、サツマイモ
大日本図書 （平成 27 年）	①アサガオ、ヒマワリ、フウセンカズラ、オシロイバナ、マリーゴールド、サツマイモ、ダイズ、ラッカセイ ②ミニトマト、キュウリ、ピーマン、ナス、トウモロコシ（ポップコーン）、カボチャ

東京書籍 (平成27年)	①あさがお，ひまわり，ふうせんかずら，おくら，まりいごうるど，ほうせんか，おしろいばな，ひゃくにちそう，おじぎそう，さるびあ，こすもす，せんにちこう，ちゅうりっぷ，すいせん，ひあしんす，くろっかす，ひなぎく，すいいとぴい，きんせんか，あぶらな ②ミニトマト，キュウリ，ナス，トウモロコシ，ダイズ（えだまめ），ジャガイモ，サツマイモ，イチゴ，カブ，コマツナ，エンドウ，ダイコン，キャベツ

　学習指導要領では，飼育・栽培に関する内容はどのように書かれているのでしょうか。

【平成２０年版】

(7) 動物を飼ったり植物を育てたりして，それらの育つ場所，変化や成長の様子に関心をもち，また，それらは生命をもっていることや成長していることに気付き，生き物への親しみをもち，大切にすることができるようにする。

【平成２９年版】

(7) 動物を飼ったり植物を育てたりする**活動を通して，**それらの育つ場所，変化や成長の様子に関心をもって**働きかけることができ，**それらは生命をもっていることや成長していることに気付くとともに，生き物への親しみをもち，大切に**しようとする。**

　変わった部分を下線太字にしました。内容は大きく変わらないのですから，表現が変わった部分は２０年版で実施した結果，もう少し力を入れてほしい部分だと思われます。

🌸 33

① ただ育てればよいのではなく、育てる活動を通して学習させてほしい。
② 関心をもつだけにとどまらず、生物に積極的に働きかけてほしい。

　以上２つのメッセージが、平成２９年版のものには込められていると考えられないでしょうか。

　同様に（7）の内容についての説明で、平成２９年版で書き加えられた部分を抜き出してみます。きっとそこには飼育・栽培に関する活動で、うっかりすると抜けやすい部分が表現されているはずです。

　『**動物を飼ったり植物を育てたりする活動**とは，動物を飼育したり，植物を栽培したりする中で，動植物の成長の様子を見守ったり，動植物と触れ合い，関わり合ったりすることである。』……………………………**❶**

　『**それらの育つ場所，変化や成長の様子に関心をもって働きかける**とは，動植物が育つ中でどのように変化し成長していくのか，どのような環境で育っていくのかについて興味や関心をもって，動植物に心を寄せ，よりよい成長を願って行為することである。』…………………………**❷**

　『「大きくなるように日当たりのよい場所に置こう」などとそれらの育つ場所，変化や成長の様子に関心をもち，自ら働きかけるようになる。さらに，働きかける中で児童は，「違いがあるぞ」と変化や成長の様子を比べたり，「多分そうだろう」と予想して見通しを立てたり，「どうしてほしいのかな」と動植物の立場に立って考えたりするようになる。また，自らの働きかけに対して「どうだったかな」と反応や結果を考えたり，継続してきた活動を振り返って「だからそうなんだ」と自分とつなげて考えたりするようになる。』………………………………………………………………**❸**

　『「やっぱりつるが棒につかまってユラユラしなくなったよ」と同じ特徴や性質，変化があることに気付くことが考えられる。』………………**❹**

『そこに交流したり表現したりする学習活動を加えることで気付きの質の高まりも期待できる。こうして児童は動植物への親しみをもち，世話をする楽しさや喜びを味わい，想いや願いが膨らんでいくのである。』…………❺

『**生き物への親しみを持ち，大切にしようとする**とは，生き物に心を寄せ，愛着をもって接するとともに，生命あるものとして世話しようとすることである。児童は，生き物に繰り返し関わることで，生き物への接し方が変わってくる。活動の中で得られた喜びや自信が「今度は，別の野菜を育ててみたいな」「家でも飼ってみたいな」と自ら生き物に関わろうとする姿や，「元気かな。また会いたいな」「学校に行くのが楽しみだな」といった思いにつながる。こうして児童が生活を豊かにするとともに，どんな生き物に対しても，関心をもって働きかけようとする姿が生まれ，日々の生活が充実していくのである。』……………………………………………………❻

●文部科学省、小学校学習指導要領（平成 29 年告示）解説　生活編

　この 6 か所が書き加えられています。実際に指導するときには、具体的にどんなことに気を付ければいいのでしょうか。

　飼育係や当番がえさや水をやり、すみかの掃除をする。それだけでは学習になりません。生き物の行動や様子に不思議に思うところはないか、成長につながるような変化は見られないか。それらのことを子どもが常に気にしながら生き物と関わっていくことができるようにしましょう。そして生き物のより良い成長のために、肥料をやったり日向に出したり棒を立てたり等、みんなで考えて生き物に働きかけることが大切です。そのような積極的な飼育によって、子どもたちは育てている生き物が一層好きになるはずです。

6 教室を出て活動する学習と製作活動

　生活科では教室から出て学習したり、工作などの製作活動を中心にしたりする活動が多くなります。教科書ではどんな活動を行うようになっているでしょうか。また、どのようなことに気を付けて指導すればよいでしょうか。

1　教室外がメインの活動

【教科書から見た活動】上巻（1年生）

タイトル	主な活動
学校探検	校内や通学路の探検をする
花や野菜を育てよう	アサガオ等を育てる
遊びに行こうよ	春・夏の遊びをする
生き物大好き	虫などを取ってきて育てる
秋と遊ぼう	自然物を使っておもちゃや作品を作る
冬と遊ぼう	風で遊ぶ、冬の遊びをする

【教科書から見た活動】下巻（2年生）

タイトル	主な活動
春発見	春探しをし、野外で遊ぶ
町探検	町を探検する
野菜を育てよう	野菜を育てる
生き物を探そう	野外で生き物を探し、採集して飼う
春を探そう	外へ出て春を探す

　教科書によって違いがありますので、代表的なもの・活動がイメージしやすいものを挙げました。大きく分けると

① 季節を感じる活動

② 探検をして知っている場所を広げる活動（〇〇探検）

③ 飼育・栽培活動

の3種類になりそうです。特にこの3つの活動では、「見つける、比べる、たとえる」ことが大切になってきます。

　指導するためには、活動のフィールドがどのような場所なのかしっかり調べる必要があります。活動をより充実させるため、そして安全な活動にするために下調べは欠かせません。次のことを決めてから下調べをしましょう。

　　○ 活動を通してどんな気付きをさせたいか明確にする。

　　○ 特に上で挙げた3種類の活動の特徴を生かすようにする。

　　○ 遊びの活動の場合は、どんな遊びをさせたいのか明確にする。

　安全面では見るポイントを明確にしておきます。

　　○ 行き、帰りの安全

　　○ 現地の安全

　　○ トイレ、昼食場所等の確認

　　○ 救急時の対応

　できれば、保護者や地域の方など、指導補助をしていただける人員の確保を考えるとよりよい指導ができます。

2　製作活動

【教科書から見た製作活動を中心にした活動】

タイトル	主な活動	学年
秋の遊び	秋の自然物を使っておもちゃを作る	1
冬の遊び	風で遊ぶおもちゃなどを作る	1
おもちゃを作ろう	工夫しておもちゃを作る	2

　製作活動は、「試す、見通す、工夫する」ことで学習の深まりが期待できます。たくさん試したり（試行錯誤）、活動の結果を振り返り・まとめて次の活動を考えたり、作ったものを生活に生かせるように改良したりする時間を十分にとることが必要です。情報収集や友だちとの情報交換を促すことも有効です。

また、製作活動では安全面への配慮が欠かせません。特にきりなどの穴をあける道具やカッターでのけがが多いので、どんな道具を使うのか、どう安全対策や安全指導をするのか吟味する必要があります。

⑦ スタートカリキュラム

「トイレはどちらを前にしてすわるでしょう。」
　…こっちが前かな。きっとこっちだよ。
「このトイレは丸いのがついている方が前ですよ。では、
　このトイレの座り方を練習してみましょう。」

私が初めて1年生のクラスの担任になったときの3日目の授業です。1年生の授業はここからか、と驚いたことを今でも覚えています。このほかに下敷きの使い方や鉛筆の使い方などの学習も行いました。当時はまだ生活科はありませんでしたが、学年で相談してこのようなカリキュラムを実施していました。

平成20年版の学習指導要領には次のように書かれています。

2　生活科改訂の趣旨

略

(1) 改善の基本方針

略

- 小１プロブレムなど，学校生活への適応を図ることが難しい児童の実態があることを受け，幼児教育と小学校教育との具体的な連携を図ること

略

さらには，小１プロブレムなどの問題が生じる中，小学校低学年では，幼児教育の成果を踏まえ，体験を重視しつつ，小学校生活に適応すること，基本的な生活習慣等を育成すること，教科等の学習活動に円滑な接続を図ること，などが課題として指摘されている。そもそも生活科新設の趣旨の中には，幼児教育との連携が重要な要素として位置付けられており，その意味からも，小１プロブレムなどの問題を解決するために，生活科が果たすべき役割には大きなものがある。

そこで，これまでも重視してきた幼児と児童の交流等をはじめとした幼児教育との連携を，一層推進することが改めて重要であるとされたのである。

●文部科学省、小学校学習指導要領（平成 20 年告示）解説　生活編

ここにある「小１プロブレム」とは何でしょうか。

幼稚園や保育所から小学校に入学すると、今までとは全く違った１日の生活を送ることになります。小学校に入学すると、自由に、楽しく遊ぶこと自体が生活であり学習であった今までとは違い、机に向かって勉強することが中心の生活となるわけです。この生活に馴染むことのできない児童が学級に何人かいると、授業中に騒いだり、授業中に座っていることができずに歩き回ったりする児童で担任は手に負えなくなってしまいます。ひどい場合には担任が精神的

7 スタートカリキュラム

ダメージを受けて休職に追い込まれてしまう場合も出てきました。こうした1年生の学級崩壊が社会的な問題として取り上げられました。1990年代後半の頃です。

こうした背景から平成20年(2008年)版の学習指導要領に「小1プロブレム」が登場しました。

ではどんな指導をすれば小1プロブレムに有効なのでしょうか。それがスタートカリキュラムなのですが、「スタートカリキュラム」という定まったカリキュラムがあるわけではありません。それぞれの学校、1年生の担任の先生方の様々な取り組みのことを総じて、スタートカリキュラムとするのです。

平成23年に千葉市教育センターでまとめたスタートカリキュラムの一部をご紹介します。

このカリキュラムには次のような内容が掲載されています。

【教科書から見た活動】下（2年生）

対象　実施時期	～5月	～7月
①コミュニケーション	ショートエクササイズ	
②単位時間	ゆっくりスタート	合科（モジュール）
③学習方法や内容	基礎基本	
④小学校の生活習慣	だれでもみんな1年生！ 1年生・1日の生活	
⑤保護者	挨拶・学年だより・保護者間交流	
⑥資料　うたうのだいすき・えほんだいすき		

①のショートエクササイズは次のようなゲームを20例ほど紹介しています。

40

ぴったんこゲーム

担任が「白い」「熱い」「細い」などのテーマを言い、子どもにはその言葉から思い浮かんだものをカードにメモさせる。適宜思い浮かんだものを発表させ、思い浮かんだものが同じ人がわかるようにし、名前をカードに書かせる。何回か繰り返して行い、最後に思った事をカードに書かせる。

最初は「同じ人がいた」「○○人もいた」程度の感想が、次第に「○○さんとは同じことが多い」「○○さんはいつも面白い事を言うなあ」など友だち意識や仲間意識が芽生え、コミュニケーションへと発展することが期待される。

たまご日記

担任が日記風に話していくが、「卵」という言葉が出たときだけ一回手をたたく。

「たまねぎ」「たまたま」など、ひっかかる言葉も入れて話す。

②の単位時間、では「わくわくタイム」を取り入れた時程を提案しています。1時間目を遅くして8：45からスタートします。1校時、2校時を40分授業として10分間を生み出し、朝の準備時間と合わせて35分間の「わくわくタイム」を1校時の前に創出します。この時間を使ってゆっくり朝の準備をしたり、折り紙やお絵かきなどで遊んだりして1校時の授業にスムーズに入れるようにするのです。

7 スタートカリキュラム

「だれでもみんな1年生！」の項目から一部引用します。

【目的・方法】

　誰でもみんな1年生を体験して成長する。今までの体験をもとに、初めての世界へわくわくどきどきをもって漕ぎ出していく1年間である。

　本プログラムは、入学式の次の日から、戸惑う子どもたちへの支援例をまとめたものである。子どもたちの実態に合わせて実施するようにしたい。

【具体的な支援例】

(1) 片付け方がわからない

　<u>写真や絵カードの利用</u>

　○ロッカーの中・引き出しの中・机の横・用具類の入れ方を写真や絵のカードにして掲示する。

　○大型テレビ等で画面に映して指導する。

　○2人1組で行うとよい。

(2) 一人での活動に時間がかかる

　<u>協力して順番に</u>

　○座席の近い2～3人で順番に、協力しながら一緒に操作する。

　入学当初は、算数セットやカードの用具や教材等を一人で出し入れすることが難しく、隣席の子の物と混ざってしまうことがよく起こる。今回はAさんの物で次はBさんの物を使うという方法で順番に協力して操作させる。

　　　　以下略

42

文部科学省では、平成27年に「スタートカリキュラム　スタートブック」というパンフレットを作成しています。この表紙には、右のように書いてあります。内容は次の7項目からできています。

○ なぜ、スタートカリキュラム？
○ ゼロからのスタートじゃない！
○ やってみると、こんないいこと！
○ スタートカリキュラムを創ろう！
○ スタートカリキュラムの特性を生かした単元の構成
○ 安心して学べる環境構成
○ スタートカリキュラムのマネジメント

　更に「管理職のみなさんへ」と題して、スタートカリキュラムを効果的に進めるための

○ 管理職対象チェックポイント

があります。「管理職の皆さんへ　スタートカリキュラムの編成・実施は、管理職のみなさんのリーダーシップの下、学校全体で行うことが重要」だということです。
　担任一人で悩んでいる時代は終わりました。生活科を中心とし、子どもの学びのつながりを考えた新しいスタートカリキュラムが求められています。第三ステージのスタートカリキュラムです。
　スタートカリキュラムについて、平成29年版の学習指導要領には次のように明示されています。

7 スタートカリキュラム

2 生活科改訂の趣旨及び要点

(1) 改訂の趣旨

略

・ 幼児期の教育との連携や接続を意識したスタートカリキュラムについて，生活科固有の課題としてではなく，教育課程全体を視野に入れた取組とすること。スタートカリキュラムの具体的な姿を明らかにするとともに，国語科，音楽科，図画工作科などの他教科等との関連についてもカリキュラム・マネジメントの視点から検討し，**学校全体で取り組むスタートカリキュラム**とする必要がある。

以下略

(2) 改訂の要点

④ 略

・各教科等との関連を積極的に図り，低学年教育全体の充実を図り，中学年以降の教育に円滑に移行することを明示した。特に，幼児期における遊びを通した総合的な学びから，各教科等における，より自覚的な学びに円滑に移行できるよう，**入学当初において，生活科を中心とした合科的・関連的な指導など工夫（スタートカリキュラム）を行う**ことを明示した。

なお，これまでは国語科，音楽科，図画工作科の各教科において，幼児期の教育との接続及び入学当初における生活科を中心としたスタートカリキュラムについて規定していたが，**今回の改訂では，低学年の各教科等（国語科，算数科，音楽科，図画工作科，体育科，特別活動）にも同旨を明記したところである。**　　　　　　（強調部分は筆者。）

●文部科学省、小学校学習指導要領（平成 29 年告示）解説　生活編

8 生活科の評価

「生活科の評価」についてどのようなイメージをもっていますか。評価というと通知表（「あゆみ」などの名称にしている学校が多いようです）をイメージする人が多いでしょう。俗にいう「成績」です。a・b・cに〇をつけた形が一般的でしょうか。これは「評定」と言って「評価」と区別しています。

では「評価」とはどのようなものでしょうか。

授業には必ず目標があります。〇〇ができるようになる、〇〇に関心を持つ、〇〇について考える、などです。授業の目標が達成できたか、授業の効果が一人一人の子どもに現れたか、それをチェックするのが評価です。例えば本時の目標が「夏から秋への変化に気付く」だったとします。Aさんは「どんぐりがたくさんおちていた」と言っていたから〇。Bさんは、ただ楽しく校庭を走り回っていたから△かな、という具合です。また、何かすばらしい気付きをしたときに、その場でそれをきちんと評価することによって子どもは大きな伸びを見せてくれますし、生き生きとした授業になっていきます。授業中の評価は大切な評価の一つです。こう考えると「生活科の評価」はそれほど難しくないでしょう。

でも実際に授業中に評価をしようとするとなかなか思い通りにはいきません。子どもが5人くらいでしたら毎時間、全ての子に対して評価することができるでしょう。でも35人の学級だったらどうでしょうか。大切な本時の目標をつい忘れてしまうこともあります。（特に活動中心の授業では忘れがちです。）授業中にあまり目立たない子どもに対してはどうしても評価することが少なくなりがちです。いたずらが目立つような活動的な子どもに対しては、ついマイナスの評価が増えてしまいます。

授業中の出来事を思い出して記録するなどして、授業後に評価することもできます。子どもの作品や観察日記などから評価すれば全ての子どもに対して評価することができます。ポートフォリオ評価です。しかし、これらの評価も万能では

ありません。低学年の子どもは、せっかくすばらしい気付きをしても活動に夢中になって忘れてしまい、作品や観察日記などに現れてくるのはほんの一部の気付きになってしまうからです。

　生活科は、他の教科と違ってテストやドリルなどとは相性が良くありません。授業中の評価とポートフォリオなどの授業後の評価の双方が特に重要だと言えましょう。

　ここで学習指導要領（平成 29 年度版・解説　生活編）の評価をのぞいてみましょう。

○ **評価の目的（総則から）**
　指導の改善や学習意欲の向上を図り、資質・能力の育成に生かすようにすること

○ **何を評価するのか**
　評価は、結果よりも活動や体験そのもの、すなわち結果に至るまでの過程を重視して行われる。学習過程における児童の「知識及び技能の基礎」、「思考力、判断力、表現力等の基礎」、「学びに向かう力、人間性等」を評価し（後略）

○ **評価をするために大切なもの**
　単元の目標を明確にするとともに、評価計画を立て、評価規準※を具体的な子供の姿として表しておくことが大切である。

○ **信頼性の高い評価のために**
　「量的な面」だけでなく、「質的な面」から捉えるように注意する必要がある。教師による行動観察や作品・発言等のほかに、児童自身による自己評価や児童相互の評価、さらにはゲストティーチャーや学習をサポートする人、家庭や地域の人々からの情報など、様々な立場からの評価資料を収集することで、児童の姿を多面的に評価することが可能になる。

○ **評価とは…**
　生活科の学習評価の基礎にあるのは児童理解である。

※評価規準

評価きじゅんは、評価規準と評価基準の２つがあります。規準は到達目標で、基準はその目標がどれだけ達成できているのかを判断する目安です。ルーブリックのことだと考えてよいでしょう。「秋をみつけよう」の例を示します。

● 規準

秋の自然を使って活動すると楽しいことや、季節の変化に気付くことができる。

● 基準

楽しく活動し、友だちや過去と比較した気付きがある	3
楽しく活動し、気付きがある	2
楽しく活動しているが、気付きが自覚できていない	1

生活科の評価

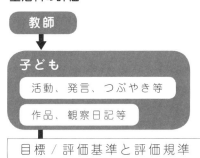

第3部　指導案が書ける！

1 指導案※は誰のもの　　※指導案は学習指導案といいます

　授業といえば指導案がつきものです。たくさんの時間、たくさんのエネルギー、たくさんの知恵を使って指導案を作ります。指導案を書くのはおっくうだなあ、と思うこともあるでしょう。では、指導案は誰のために書くのでしょう。

　① 指導していただく先生のため　　　　　（　　　）

　② 授業参観していただく先生のため　　　（　　　）

　③ 自分（授業者）のため　　　　　　　　（　　　）

　④ 記録に残すため　　　　　　　　　　　（　　　）

　⑤ 義務だから、決まりだから　　　　　　（　　　）

　⑥ その他　　　　　　　　　　　　　　　（　　　）

　あなたは、どこに○がつきましたか。正解は全てですが、授業の性格によって重点が異なってきます。誰にも見せない授業でしたら①②はありません。④⑤だけでしたら、指導案に懸ける労力がもったいない気もします。

　さてどんな授業にもあてはまるものはどれでしょう。そうです③です。そして⑥クラスの子どもたちのためです。計画性の薄い、目標のあいまいな授業は子どもたちに失礼です。せっかくの４５分が密度の薄い時間になってしまいます。ですから指導案を書かない授業でも目標を明確にし、そのための流れの概要だけは明確にしておくべきです。

　今から書こうとする指導案が誰のためのものなのか、確認してから書き始めることが大切です。

② 指導案の項目

どの教科でも項目は大差ありません。学校独自の項目や、研究会独自の項目であることも多いですので確認しましょう。

右のような項目が基本です。

❶ 学年　単元名

　　　　　　　　指導者名

❷ 単元について

❸ 単元の目標

❹ 指導計画

❺ 本時の指導

　(1) 本時の目標

　(2) 展開

③ 学年　単元名

担当の先生から指定されることもありますが、任された場合は、現在の進度や子どもの実態、そしてその授業でどういう工夫をしてどこを見ていただくのか、それらを勘案して決めます。ここでは1年「秋と遊ぼう」を例にして進めます。

④ 単元について

ここで筆が止まり期日だけが迫ってくるという状態になることが多いです。略案では省略される項目ですが、なぜ指導案にこの項目があるのでしょう。この項目にはどういう意味があるのでしょうか。

この項目は小論文だと思ってください。授業者はこの単元をどうとらえているのか、どこに重点を置くべきなのか、この単元で難しい点はどこで、それに対してどんな提案をするのか、そのようなことを書いていきます。授業を見ていただく方々へ自分の授業の意図を伝えるための項目です。ですから、研究授業をするときにはこの項目が大切になることが多いです。また、ただ1時間をどう進めるか、という授業でしたらこの項目はあまり大きな意味をもたないでしょう。

❀ 49

4 単元について

　授業者の考え方で、授業は大きく変わります。「秋と遊ぼう」で、A、B、Cの3人の先生の考え方を見てみましょう。

【A先生】

　私は夏からの微妙な自然の変化に着目させたい。最近の子どもたちを見ていると季節感が薄れてきているからだ。秋＝紅葉と思っていて、モミジが赤くないから秋ではない、イチョウの葉が緑色だから夏だ、などととらえている子どもが多い。少しずつ季節が変わっていく、いろいろなところが少しずつ変化していく、そんなことをとらえさせたい。

【B先生】

　私は季節のにおいを感じてほしい。子どもたちは視覚情報のみに頼った生活をしているからだ。キンモクセイのにおい、落ち葉のにおい、台風が近づいてきたときの湿ったにおい等、日常気にしていないようなにおいに敏感になれば、より季節を感じ、豊かな心が育つはずだ。

【C先生】

　最近の子どもは運動不足だ。室内でゲームばかりしている。ようやく涼しくなってきたので、外で思いっきり体を動かして遊ばせたい。落ち葉を踏みしめる音や足裏の感触を楽しみながら駆けまわったり、樹木の幹の感触を味わいながら鬼遊びをしたりしたらきっと楽しいだろう。

　3人の先生の授業は全く違った授業になりそうなことが想像できるでしょう。きっと指導計画自体が全く違ったものになるはずです。

　「単元について」を書くためにはA、B、C先生たちのように、自分はこの単元をどうとらえるのか、という立ち位置を明確にする必要があります。それが明確になればあとは論に組み立てるだけです。

始めは、自分がわかりやすいな、と思った指導案をお手本にし、真似をして書いてみましょう。繰り返し書く中で自分のものにしていってください。

　この項目で書く内容は概ね次のようになります。

○学習指導要領との関連

　学習指導要領のどの内容に基づいて設定した単元なのか。

○単元の価値

　この単元を授業者はどうとらえているのか。

○単元のねらい

　単元の価値と指導要領の目標を総合させる。

○子どもの実態（特に本単元に関して）

　単元の価値に関しての実態、単元のねらいに関しての実態。

○これまでの学習とこれからの学習（系統）

　子どもの学習の前後数年間にわたる大きな流れの中での、この単元の学習の位置がわかる。

○指導上工夫した点（留意点）

　単元のねらいを達成するため、子どもの実態に即した指導をするため、系統を意識した指導をするため等の目的に対する指導法のアイディア。

　もし、1つの項目で悩んで進まない場合は、先に次の項目から書き始めましょう。

5 単元の目標

　学校によって書き方が違いますが、3つの資質・能力ごとの目標ではなく、1文で書いてみます。

3つの資質・能力とは次の3つです。

(1) 知識、技能の基礎

(2) 思考力、判断力、表現力等の基礎

(3) 学びに向かう力、人間性

　「秋と遊ぼう」は自然と触れ合い、季節の変化に気付くことが活動の中心となりますので、(1) を中心に考えます。

　まず学習指導要領の目標を参考にします。単元の目標は、理科や算数では学習指導要領の「学年の目標」が大変参考になりますが、生活科はうまくいきません。

---

(2)　身近な人々，社会及び自然と触れ合ったり関わったりすることを通して，それらを工夫したり楽しんだりすることができ，活動のよさや大切さに気付き，自分たちの遊びや生活をよりよくするようにする。

　これでは生活科の他の単元でも同じ目標になってしまいます。やはり学習指導要領の「生活科の内容」では、次のようになっています。

---

(5)　身近な自然を観察したり，季節や地域の行事に関わったりするなどの活動を通して，それらの違いや特徴を見付けることができ，自然の様子や四季の変化，季節によって生活の様子が変わることに気付くとともに，それらを取り入れ自分の生活を楽しくしようとする。

(6)　身近な自然を利用したり，身近にある物を使ったりするなどして遊ぶ

活動を通して，遊びや遊びに使う物を工夫してつくることができ，その
面白さや自然の不思議さに気付くとともに，みんなと楽しみながら遊び
を創り出そうとする。

　これも他の単元のものが混ざっています。1年生と2年生の学習も混在し
た形で書かれているので、そのまま指導案には書けません。まず「秋と遊ぼう」
の部分だけ抜き出します。

(5)→身近な自然を観察，それらの違いや特徴を見付ける，自然の様子や四
　　季の変化，に気付く，取り入れ自分の生活を楽しくしようとする，
(6)→全部

　身近な自然は秋ですから、下のように書き直せます。

　秋を観察して違いや特徴を見付け、夏から秋の変化に気付く。それを通
して自分の生活を楽しくしようとする。また、秋の自然物を使って遊び、
自然の不思議さや美しさに気付き、みんなと楽しみながら遊びを創り出そ
うとする。

　一見よさそうですがまだ抽象的ですし、文がぎくしゃくしていますので整
理します。

　身近な自然の中で落ち葉や木の実などを見つけ、それを使って遊ぶ、お
もちゃなどを作って遊ぶなどの、活動を通して夏から秋への変化の不思議
さや美しさに気付く。

　もちろん単元のとらえ方は人によって違いますので、目標も人によって異
なってきます。

6 指導計画

　指導案は、展開する場所が単元の最後の時間であっても、単元の学習がスタートする前に書きます。この単元ではどのような教材を使うか、どう導入するか、単元の目標を達成するためにはどういう順で活動を組んでいけばよいのか、それらが決まっていないと学習がスタートできないからです。導入の仕方の違いで学習が思ってもみなかった方向へ進んでしまうことがよくあります。

　生活科の活動内容は自由度が高いので、まずこの単元でどんな活動をするのか考えます。秋探し－採集－採集物で遊ぶ─改良─交流という流れも考慮して、次の活動を考えました。（もちろん授業者や学校によって異なってきます。）

　①○○公園や校庭で秋探しをする－報告会

　②お気に入りの葉や木の実を取ってくる

　③作品作りをする－改良もする

　④どんぐりゴマを作って遊ぶ

　⑤どんぐりゴマ大会を計画して遊ぶ

　⑥○○幼稚園、○○保育園を招待して秋遊びをする

　流れを検討します。どれくらい時間がかけられるかを検討します。幼稚園生たちを招待できるかどうか検討します。大きなまとまりを考えます。①②は秋との触れ合い、③④⑤は秋で遊ぶ、⑥は交流と、3次の計画になります。①～⑥の細かい内容と時間を考えます。たとえば⑥だけでも、計画、招待状作り、材料集め、シミュレーション、実施と5～6時間必要です。指導案では紙面上の制約があることが多いですが、できるだけ細かく書いた方が実際の授業では役に立ちます。

７ 本時の指導

　まず本時の目標を明確にします。１時間でどういう子どもになればよいか、です。授業前はこうだった子が、授業後にはこうなるはず、と具体的に考えて言葉にしましょう。

　目標が決まったら、上の方から３〜４行下に、その目標に到達するために子どもに最初に投げかけることを□で囲って書きます。（学習問題）活動が中心であるときには省略することもあります。本時の目標を子どもの言葉にして書くこともあります。

　学習問題の上には、そこへ至るまでの流れを書きます。子どもが本時の学習に意欲を持ってスタートできるかどうか、工夫のしどころです。活動が始まると教師は補助的な動きが中心になりますから、活動前が腕の見せ所です。

　学習問題の下には本時のテーマや教材に対して、子どもが最初に活動したり考えたりしそうなことを書きます。この後は授業によって千差万別ですが、以下のことを常に頭において書き進めましょう。

○指導目標からずれていないか。

○子どもの考えや行動を反映し、子ども中心になっているか。（教師主導になっていないか。）

○流れがスムーズか。

○子どもが知的な気付きをしたり、その質を高めたりするための助言や情報交換が適切に配置されているか。

　実際の授業や録画授業などをもとに本時の指導を書いて検討すると、本時の指導が書けるようになるでしょう。

──**1** どんぐりでこまを作ろう

第4部　楽しい教材研究

1 どんぐりでこまを作ろう

　秋になり、公園や校庭にどんぐりを見つけられるようになります。目の前に
ころころ転がっていると、つい拾ってみたくなるどんぐり。これでどんぐりの
こまを作ってみましょう。

> **【作り方】**
> どんぐりに穴をあけ、楊枝をさす。

● 考えておくこと

　簡単ですが、子どもたちに活動させるときには事前に考えておかなければな
らないことがあります。

Q1 どういう方法で穴をあけますか。

Q2 楊枝がゆるい時はどうしますか。

Q3 楊枝の長さはどうしますか。

Q4 模様等はかかせたほうがよいでしょうか。

A1

　1年生にとって穴あけは相当の技術を要します。担任として工夫したいと
ころです。教科書を見ても各社それぞれ工夫しているようです。

穴をあける道具 - きり、画鋲、ヒートン（かべに物をかけるときなどに使う、

✿ 56

先端がネジになっているもの。)、ハンドドリル（百円ショップにあります）どんぐりが動かないようにするための台として粘土や専用の固定器（生活科教具として学校に用意してある場合があります）を使うこともできます。

A2

ボンドで留めます。子どもは乾くのが待ちきれないので、注意しましょう。（ボンドが飛び散ります。）

A3

子どもたちの工夫のしどころです。どのくらいの長さにしたらいいのかなあ、と投げかけましょう。

A4

かく、かかない、ここも子どもの個性の発揮場所です。

● 気付いてほしいこと

この活動で気付いてほしいことや指導すべき内容はなんでしょうか。
○季節を感じ取るという面では。
○植物の多様性という面では。
○こまが回る、という理科的な面では。
○作り方や回し方という技術的、手先の器用さという面では。
○遊び方の工夫という面では。
○安全面では。（特にきりなどを使う場合。）
○友だち関係という面では。

② 季節を感じる遊びを創る

平成２９年版学習指導要領では、自然に関わって季節を楽しむことや（内容
(5))、身近な自然を利用して遊び、みんなと楽しみながら遊びを創り出すこと（内
容(6)）が生活科の内容として挙げられています。

教材研究として、身近な自然を利用した遊びを実際に創り出してみましょう。
季節の移り変わりに気付くことができるでしょうか。また、友だちと楽しみな
がら遊びを創り出すことができるでしょうか。

● **最初はどんな遊びから。**

身近な自然を利用した遊びをたくさんリストアップしてみましょう。その中
から活動が可能で広がりがありそうなもの、何より自分が取り組んでみたいも
のを選びましょう。

〇落ち葉などで絵を描いたり模様を作ったりする。

〇ホットボンド等を使って立体物を作る。

> やじろべえやコマなどのおもちゃ。動物や虫、車やロボット、人間など。指輪
> やネックレスなど。立体の絵や迷路など。マラカスや太鼓などの楽器。

自然物以外に竹ひご、ペットボトルキャップなどの材料や、穴をあける道具
やカッター等が必要なことがあります。事前に準備をしておきましょう。

● **次の遊びを創り出す**

友だちと情報交換したり競争したりすると、その中から新しい遊びが生まれ
ることがあります。また、自然との関わり方をより深めたり、アプローチを変
えて関わったりすると新しい遊びが生まれやすいようです。

❸ みずで あそぼう

　子どもは水が大好きです。水を見つけるとすぐ何かしら関わりたくなるのが子どものようです。水たまりを見つけて、靴が濡れるのもお構いなしに、わざわざ「ぴちゃぴちゃ」と音を鳴らして楽しそうにしている子を見たことがあるでしょう。

● 活動を考える

　子どもがもっと深く水と関わりを持ちたくなるような活動を考えてみましょう。季節は夏。どんな活動が用意できるのか、担任の腕の見せ所です。

> シャボン玉遊び、泥団子づくり、砂場に川をつくる、
> 水鉄砲、舟のおもちゃ、色水遊び（草花や野菜を使って）、
> 水でグランドに絵を描く、プールでいかだを作る…

　いくつか挙げられた内容から絞っていきます。一つにしぼって活動を深めさせるか。たくさん用意して子どもに選ばせ、多様な活動を引き出すか。授業者の考えによっていろいろな場づくりが必要となります。

● 場所を考える

　活動内容が決まったら、活動場所を考えます。教室？家庭科室のような特別教室？多目的ルーム？アリーナ？それとも運動場？プールで活動することもできるかもしれません。

　活動場所を決めたら、どういうコーナーを準備するか検討しましょう。危険が伴うコーナーには大人がつくようにします。修理コーナーや改良コーナー、お試しコーナー等が必要な場合もあるでしょう。

　服や体が濡れた場合や汚れた場合の対処法も考えておきましょう。

4 くうきで あそぼう

● 空気のイメージ

　子どもたちは、空気に対してどんなイメージをもっているでしょうか。

　空気は目で見ることができません。触ろうとしても触った感じがしません。こんなことから目の前の空間を指して「ここに何がある？」と聞くと、「何もない」という子もいるでしょう。日常生活ではそれもよいでしょう。しかし、実際に何もない、つまり空気もない空間を作るのは大変難しいことです。空気は小さな隙間を作っても、その隙間に入り込んでしまいます。何もない、空気もない空間を作ろうとしても大気圧によって押しつぶされて空間はなくなってしまいます。（$1 cm^2$あたり$1 kg$、$1 m^2$あたり$10 t$かかっています。）

● 空気を感じる

　では、そんなに身近にあるはずの空気を、どのようにしたら見たり感じたりすることができるでしょうか。空気をビニル袋などに閉じ込めると膨らみます。そうすると「ここに空気があるよ」と意識することができます。空気が見えたわけです。水の中に空気を入れても空気を見ることができます。水に沈めた袋からブクブクと出てくる泡は、空気がある証拠になるはずです。

　ビニル袋に集めた空気を手で触り「確かに何かある」と感じることもできます。袋に入れた空気を押すと、空気はどんな形にも変形して動きます。ですから何だか、ぐにゃぐにゃした感じを持つことでしょう。動かないように狭い空間に入れて押すと、空気は押した力に比例して縮み、押し返してきます。こんなことから子どもたちは「空気は柔らかい」「空気はふわふわしている」というイメージをもつことでしょう。

　本当に空気は柔らかいのでしょうか。車のタイヤには空気が入っています。車のタイヤを押してみましょう。柔らかく感じますか。このように空気は柔らかくも硬くもなり、ばねのようになることもできます。

60

● 動いている空気

身の回りにたくさんある空気はいつも止まっているとは限りません。むしろ動いている空気の方が身の回りには多いのではないでしょうか。空気が動くと風になります。自然界の風だけでなく、うちわであおいでも、口で吹いても、風は起きます。そして、風はエネルギーを持っています。台風の強い風は家を破壊し、車を横転させます。最近は大きな風車を回す風力発電も増えてきました。

● 理科の学習へ

第3学年の理科では、強い風はエネルギー量が多く、弱い風はエネルギー量が少ないということを、体験を通して学びます。生活科でそんな体験ができたら理科の学習につながることでしょう。

空気がなければ、人間をはじめほとんどの生物は生きていることができません。生命にとって、人間にとって必要不可欠で、生活に様々に活用されたり、大きな被害をもたらしたりする空気です。空気を使った遊びを子どもたちに体験させてあげたいと思いませんか。

傘袋ロケット、風車、種の落下傘（カエデの種模型）、種グライダー（マクロフィルス　アルソミトラの種模型）、Xジャイロ（円筒型飛行物体）、ブーメラン、凧

第4部　楽しい教材研究

5 おとで あそぼう

● 理科につながる音

　平成 29 年版の学習指導要領では、第 3 学年の理科に新しく音の学習が入ります。音は振動であることや、音の大きさの変化と振動の変化等について学習します。

　ペットボトルに物を入れて鳴らす。口笛を吹く。バケツをたたいてドラムにする。子どもは音遊びが大好き。音に焦点を当てた生活科の学習は、楽しい活動になり、3 年の理科にもつながります。

> 紙笛、紙で作る楽器、ストロー笛、輪ゴムギター、グラスハープ、漁洗鍋、
> 空き瓶を鳴らす、ウグイス笛、空き缶太鼓、ペットボトルのマラカス…

● 千葉県内小学校（研究校）での実践例

○ 単元名　「見つけたよ、町の音」（第 2 学年）

○ 単元の目標

　　学校や自分たちが住む町を、諸感覚を働かせたり道具を利用したりして、様々な場所やものの音を調べていきながら、音と自分たちのつながりに気付くことができる。

○ 指導の概略

第 1 次　学校の中で聞こえてくる音を探す。

第 2 次　通学路の音を探し、仲間分けをする。

第 3 次　絵、地図、写真などを使い、見つけてきた音を友達に紹介する。

第 4 次　地域に必要な音を考え、音の役割や感じ方の違いに気付く。

6 科学的な見方の基礎を養う－エネルギーを感じる遊び

● エネルギーのイメージ

　エネルギーという言葉から、どういうイメージをもちますか。

　エネルギーにあふれる。エネルギーチャージ。強そうな、元気いっぱいのような感じがします。辞書にも「力」、とか「精力」とか書いてあります。具体的にエネルギーの元と思われるものをいくつか挙げてみましょう。

　ガソリン、電気、原子力、風力、太陽、まだまだありそうですね。音や光もエネルギーです。重力もエネルギーですね。水力発電は水にエネルギーがあるのではなく、水が落ちることによるエネルギー、つまり高い場所にある、というエネルギーです。高いところから地球の重力によって落ちる、この時の力がエネルギーになるのです。

　エネルギーの元が身の回りにたくさんあることがわかります。エネルギーは形を変えることができます。火力発電を考えてみましょう。重油を燃やす…火力、熱のエネルギーです。お湯を沸かして水蒸気を作り、その水蒸気が勢いよくタービンに吹き付けられて発電機が回ります。電気ができました。電気は熱に変わったり、力に変わったり音に変わったり、光に変わったり、と様々に変化して利用されます。

【火力発電から考えるエネルギー】

重油 ⇨ 燃やすと ⇨ 熱エネルギー ⇨ 水を水蒸気に変える ⇨ 体積の劇的な増加 ⇨ 圧力の増加 ⇨ 発電タービン回転 ⇨ 電気

【形を変えるエネルギー】

6 科学的な見方の基礎を養う―エネルギーを感じる遊び

　エネルギーは蓄えることもできます。電池やダムがそうですね。石炭やガソリンは炭素化合物という形でエネルギーが蓄えられています。

　小学生はどんなエネルギーを学習するでしょうか。3年生の理科では風やゴムの力で動く車について学習します。風が強いと車が速く進むことや、ゴムをたくさん引いて走らせると車が遠くまで進むことなどを調べます。電池や磁石の働きも3年生で学習します。もののあたたまり方として熱のエネルギーのことを学習するのは4年生です。

　生活科では、風やゴムを使ったおもちゃを作って遊びます。3年生からの学習を少し意識して、風の強さを変えてみたりゴムの伸ばし方を変えてみたりして遊ぶとよいのではないでしょうか。

　ゴムの力で動くおもちゃを教科書からピックアップしてみました。

> 車、コトコト人形、アーチェリー、ロケット、パッチンカエル、
> ピンポン玉とばし…

どんなものを作るのかわかりますか。

7 鬼あそび

　小学校で鬼ごっこをすると一番の標的は担任です。全員が敵ですからあっという間に体力は限界に達します。

　鬼遊びもいろいろな種類があります。十八番（おはこ）の鬼遊びがあると、クラスの仲間づくりや、子どもとのコミュニケーションに役立ちます。

---

1 鬼ごっこ

　普通の鬼ごっこ。タッチされたら鬼交代。

2 手つなぎ鬼

　タッチされたら手をつないで鬼になる。鬼がだんだん長くなり、最後は鬼の網の中で全滅する。

3 影踏み

　影を踏んだら鬼交代。3年生の理科でも扱っている。

4 氷鬼（freeze tag）

　タッチされたら凍る。（その場でストップ。）鬼ではない仲間がタッチしたら解放される。全員凍ったら鬼の勝ち。凍る時に「Ice」、解放の時に「Free」とコールして英語活動としても使える。

5 色鬼・高鬼

　色鬼は鬼が指定した色の物を触っていれば捕まらない。高鬼は高いところにいると捕まらない。鬼が下で待っていられると降りられない。

　まだまだたくさんあります。調べてみてください。子どもの方が詳しいかもしれません。子どもに教えてもらって遊ぶのも楽しいですし、ルールを自分たちで工夫するのも楽しいです。

第4部　楽しい教材研究

❀ 65

8 自分自身の成長

　フィギュアスケートの羽生選手は金メダルの演技終了後、けがから復帰したばかりの自分の右足に「よく頑張った」と感謝したそうです。

　また「自己肯定感を高める」方法を調べると、次のようなことが挙げられていました。

　　○ スモールウィン（小さな成功）の積み重ねで自己肯定感を高める。
　　○ 頑張った自分をほめてあげる。
　　○ 他人が自分に「してくれなかったこと」を数えるのではなく「してくれたこと」に焦点を当てる。

　生活科の「自分自身の成長に気付く」活動は自己肯定感を高めるために役立ちそうです。

　学習では、成長が見えやすい具体的なものを手掛かりにします。

> ・赤ちゃんや幼稚園のときに使ったもの
>
> ・入学した時の文字（自分の名前など）や絵
>
> ・小さいころや入学したころの写真
>
> ・家族や保育所の先生の話
>
> ・入学時の身体測定の結果
>
> ・１年生の生活科でつくった作品や観察日記等

　このような手がかりをきっかけにして、身体の成長、技能の習熟、知識の習得、家庭や学校での役目の増加などいろいろな面での成長を考えます。

　次の３点に気を付けて、この活動でのポイントをはずさないようにしましょう。

○ 自分の成長を実感することが大切。自分史を作ることが目的ではない。（つまり、事柄の数は問わない。）
○ 産まれた頃、赤ちゃんの頃、年少組の頃、など、「いつ」という期限にはこだわらない。極端に言えば昨日のことでもよい。
○ 各家庭の状況を考慮し、無理な資料集めをさせない。より幼いころの資料がよい、というわけではない。

　成長が実感できたら次のステップに移ります。自分をそのように成長させてくれたのは誰か、どんな関わりをしてくれていたのか、を考えることです。この活動を通して周囲の人たちへの感謝の気持ちが芽生えてくるはずです。
　成長の実感と感謝の気持ちが、「もっと成長したい」という次の成長への意欲につながるはずです。新たな成長への意欲をできるだけ具体的にし、カードやノートなどに残す活動によって意識づけると効果的です。

・3年生では二重跳びが連続30回できるようにする。
・理科や社会科等の新しい勉強を頑張る。
・お掃除名人になる。
・困っている人をたくさん助ける。
・料理ができるようになってお母さんを喜ばせる。
・6年生の〇〇さんのような優しいリーダーになる。

⑨ 生活科の IT（information technology）

　現在のところ機器が充実しているとは言えず、実践例は少ないです。一方、子どもは電子機器に興味を持ち、意欲的な学習が期待できます。生活科で使えそうな IT 環境は、

> デジタルカメラ、インターネット、タブレット、ディスク（CD・DVD・ブルーレイ）お絵かきソフト、作曲ソフト、ポスター作りのソフト、プレゼンテーションソフト、思い出ビデオ作製ソフト　等…

　操作が難しくて…。でも使ってみればそれ程でも、ということが多いですし、子どもは案外使いこなしていきます。教師自ら挑戦することから始めましょう。次のような場面で活躍しそうです。

○ 学校探検や町探検で、写真や動画などで撮影する。（発表、記録）

○ 植物や昆虫、動物の様子を撮影したり栽培記録を撮影したりする。（発表、記録）

○ 植物の名前、地域の地図、おもちゃの作り方などをインターネットで調べる。

○ 調査の結果をポスターにしたり、プレゼンテーションソフトを使って発表したりする。

○ 自分の成長をビデオにする。（発表、記録）

　これからプログラミングの考え方による実践も増えるでしょう。コンピュータ制御のおもちゃ作り、フローチャートで表したおもちゃの作り方…。楽しい活動になりそうです。

ものづくり編
生活科・理科

第5部 生活科に役立つ楽しい活動

1 ものづくり@生活科

第5部　生活科に役立つ楽しい活動

1 ものづくり@生活科

● @生活科

　どこにでも生えている草。捨ててもいいような紙や容器。そんなものを使って楽しく遊んでしまう。それが生活科の極意です。楽しく遊びながらいろいろなことに気付き、もっともっと楽しい遊びに変えていくことができる子ども。生活科で育てたい子どもの姿です。

　@生活科では身近なものを使った遊びのヒントを集めました。子どもと一緒にたくさん遊び、新しい**@生活科**を作ってみてください。

	タイトル	ページ			タイトル	ページ
1	なんのたね(1)	71		15	mini ブーメラン	85
2	これなあに	72		16	ハンドフラワー	86
3	ねこじゃらし	73		17	ひっつき虫	87
4	笹舟	74		18	びっくりピョン	88
5	おしろいばな	75		19	回って飛ぶ種 A・B	89
6	カタバミクリーナー	76		20	簡単かざぐるま	91
7	なんのたね(2)	77		21	パックトンボ	92
8	たたき染め	78		22	パラシュート	94
9	紙が鳴る	79		23	小型空気砲	95
10	糸電話	80		24	傘袋ロケット	96
11	X ジャイロ	81		25	手袋お化け	97
12	どんぐりごま	82		26	シャボン玉	98
13	どんぐりやじろべえ	83		27	冬芽・葉痕	99
14	水インクで落がき	84				

70

@せいかつ

1
なんのたね(1)

● なんのたね？

　1年生がよく育てます。普通は5月ごろまきます。大きさは5〜6mmくらい。何の種でしょうか。(答えは下に)

　この種は本来春にまきます。もし秋にまいたらどうなるでしょうか。挑戦してみてください。

　① 芽が出ない

　② 芽は出るが育たない（花が咲かない）

　③ 芽が出て花も咲く

　④ その他

● この種の育て方

　一晩水につけてふやかしてから鉢にまく。皮（出っ張っている方）にちょっと傷をつけると芽が出やすい。(つけなくても出る。) 鉢は直径15cmくらい。鉢底にネットを置き、草花培養土を上の縁から2cm下位まで入れる。上から水を与えて鉢底から出てくるまでたっぷり与える。コツは

○ 発芽温度20〜25℃（寒い時は温める。）

○ お水大好き。涸らさないように。お日様大好き。

○ 強風（台風）注意。寒すぎ注意。室内へ避難。

○ 短日植物－日が短くなると花芽がつく。

◎ 答え（アサガオの種）

1 ものづくり＠生活科

2 これなあに

● これなあに？

　さてこれは何でしょう。

　マシュマロのようですが食べられません。実を破って中に何があるか見てみましょう。

　大きな種がいくつか入っています。いくつ入っていましたか。種をよく見てみましょう。何かに似ていませんか。

　ちょっとマジックペンでいたずらがきをしてみましょう。

　種がどんな風に変身したのか、近くの人と比べてみましょう。春にまくと育ちます。背が高くなり、巻きひげが出てきます。

　　　　　　　　　　　　◎ 答え（フウセンカズラの実）

@せいかつ

3 ねこじゃらし

エノコログサ

● ねこじゃらしってなあに？

「ねこじゃらし」知っていますか。夏から秋にかけて荒れ地でたくさん見られます。本当の名前は「エノコログサ」と言います。「犬っころぐさ」からつけられたそうです。犬のしっぽのようなところは「花穂」－花の集まった部分です。

ではエノコログサで遊んでみましょう。
① 花穂を軽く「にぎにぎ」してみましょう。どうなりましたか。
　花穂が自然に動きます。なぜでしょう。
　子どものころこれをズボンの裾に入れるといういたずらをしました。どうなると思いますか。
② 紙の上に花穂を置き、紙相撲の要領でトントンしてみましょう。どうなりましたか。
　花穂が歩きます。どちらの方に歩きますか。茎のある方ですか、それとも反対側ですか。なぜ歩くのでしょう。
　ほかにどんな遊びができるか、試してみましょう。

第5部　生活科に役立つ楽しい活動

❀ 73

1 ものづくり＠生活科

4 笹舟

● 笹（ささ）

　ササはイネ科の植物です。タケとそっくりですが、茎を包んでいる鞘（さや）が枯れずに残っているところが違うところです。
　ササを使った遊びの中で代表的なものが「笹船」でしょう。自分で作った笹船を水に浮かべ、どんな遊びが始まるでしょうか。

● 作り方

① ササの葉の両端を折ります。

② 2本ずつ切り込みを入れます。
　　※破らないように注意！

③ 切り込みの両側を真ん中のループに差し込んで完成です。

④ 帆掛け船にも挑戦してみましょう。

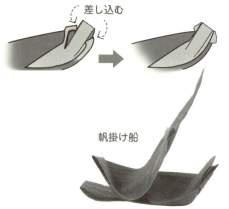

帆掛け船

@せいかつ

5
おしろいばな

● おしろいばな

　オシロイバナ科です。イギリスでは Four-o'clock と呼ばれています。なぜだかわかりますか。午後4時頃に花が咲くということです。江戸時代の始めごろ南アメリカから渡ってきた花で、栽培用でしたが今は、野生化もしています。草全体に毒があるので口にしないようにしましょう。

　ところで「おしろい」は何でしょうか。白粉と書きます。お化粧に使う白い粉です。今風に言えばパウダーファンデーションでしょうか。種をつぶすと中から「おしろい」のような白い粉が出てきます。胚乳のデンプンです。女の子は昔、この粉を顔につけて遊んだようです。

　はさみなどを使って種をわり、「おしろい」を体験してみましょう。

　花を使った落下傘遊びもできます。…でも花は Four-o'clock ですから…。

オシロイバナの種子　　割ると…　　種の中のデンプン

第5部　生活科に役立つ楽しい活動

✿ 75

6 カタバミクリーナー

　カタバミは、片喰と書きます。葉の形が欠けているように見えるので、それを食べられたとして名前がついたようです。でも見方によってはハート形のかわいい葉だと思いませんか。カタバミの仲間をオキザリスと言い、800〜850種類もあるそうです。

　ちょっと古い黒ずんだ１０円玉を用意してください。カタバミの葉を数枚とって、ゴシゴシゴシと１０円玉を磨いてみましょう。

　どんな変化がありましたか。
　カタバミにはシュウ酸という酸が含まれているのでこのような変化が起きました。酸なので食べると酸っぱいです。でも、尿路結石の原因だそうですので注意！

@せいかつ

7 なんのたね(2)

● なんのたね？

　ヒントは大根の仲間です。ですから、ふくらんだ根っこを食べます。普通の大根のように太く大きくはならないので、植木鉢でも育てられます。
　サラダにしたり酢漬けにしたりします。食べる部分は赤い色をしたものが多いですが、大根と同じような白色のものもあります。

　　　・・・

　答えはハツカダイコンの種でした。ラディッシュともいいます。アブラナ科です。モンシロチョウの幼虫に食べられないように注意してください。
ハツカダイコン（二十日大根）と言う名前ですが、収穫まで１か月ぐらいかかるようです。植えてからどのくらいでおいしく食べられるようになるか、確かめてみてください。栽培の仕方は、自分で調べましょう。
　アサガオは花を楽しみましたが、これは「育てる」「愛する」より「栽培・収穫の喜び」の方が強いです。

◎ 答え（ハツカダイコンの種）

1 ものづくり＠生活科

8 たたき染め

　毎日通っている道でも、よく見ると面白い形の葉やきれいな色の花を見つけることができます。校庭の花壇の隙間にも、名前がわからないけれどお気に入りの植物があるかもしれません。

　葉を1枚、花を1輪いただいて、たたき染めをつくってみましょう。

● **作り方**

① **お気に入りの葉や花を採ってきます。**

　水気の多いものの方がよくできるようですが、いろいろ試してみてください。ただし、花壇にきれいに植えてある花を採らないように注意してください。

② **紙を半分に折り、ハンマーでたたきます。**

　植物の形が浮き出てくる様子を見ながら少しずつ丁寧にたたきましょう。普通のコピー紙でもできますが、和紙を使うと仕上がりがきれいなようです。また、机の上でたたくより、床の上でたたいた方がよくたたけます。

③ **指で全体を押してから紙を開きます。**

　つぶれた植物を取り除くと完成です。

@せいかつ

9 紙が鳴る

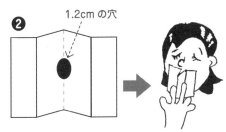

紙を吹いて、笛のように音を出してみましょう。

● **作り方**

種類	作り方・音の出し方	音の出しやすさ
❶	掌大の紙1枚をピンと引く。 アヒル口。唇で軽く紙を挟む。 紙の中心に向かってやや強く吹く。 引き方、持つ位置で音程が変わる。	C
❷	掌大の紙1枚を縦4つに折る。 中心に1～2cmの穴をあける。（破ってOK）指で軽く閉じ、合わせ目に強めに吹く。（タイトル横図参照）	B
❸	②と同じ。3つくらい穴をあける。	B
❹	掌大の紙を図のように4つに折る。 合わせ目を軽く閉じ、隙間を吹く。	A
❺	ホイッスル（牛乳パックを使用）	D

第5部 生活科に役立つ楽しい活動

10 糸電話

　昔からある素朴なおもちゃです。材料は紙コップ、糸、楊枝だけですが、不思議とよく聞こえて驚きます。理科の音の教材としても使えます。

● **作り方**

① 紙コップの底の中央に画鋲などで糸を通す小さな穴をあけます。

② 穴に糸を通し、セロテープで長めに（2cm くらい）留めます。

③ 糸の先を輪に結び、ゼムクリップをつけます。

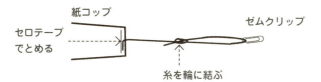

④ クリップで2個つなぐと糸電話になります。（糸をピンと張ること）

⑤ 延長線を作ると長い距離で通話ができます。

⑥ 延長線を針金で作るとエコーがかかります。

⑦ いろいろなつなぎ方を工夫してみましょう。

@せいかつ

11
X ジャイロ

　検索すると、アメリカのベイラー大学で輪切りのアルミ缶を飛ばす遊びが始まり、NASA が製品化した、とあります。実際におもちゃとして 1,500 円くらいで販売しているようです。（これはプラスチック製）
　紙製の X ジャイロを作ってみましょう。

● 作り方

① A5 のコピー紙（A4 の半分）を用意します。

② 横長になるように置きます。

③ 長い方の辺、端から 5.6cm に線を引きます。

④ 5.6㎝の線をめがけて 3 回折ります。（線を越えない。ぴったり線に合わせて。）

⑤ きれいな円筒形にし、端をのりで留めます。

⑥ のりが乾いたら完成です。折り重ねた方を前にして飛ばします。

● 飛ばし方

　サイドスローがよく飛ぶ、回転をかける、アメリカンフットボールのクォーターバックのように投げるなど、自分なりにいろいろ工夫してみてください。

1 ものづくり＠生活科

12 どんぐりごま

こどもが好きなどんぐりごま。工夫次第で大人も楽しめます。秋の一時、童心にかえってどんぐりごまを堪能してみましょう。

● 作り方

① 穴をあける

片手でしっかりどんぐりを持ちます。どんぐりの平らな方の中心部分にきりやハンドドリルなどの穴あけ具の先端をあて、穴をあけたい方向に圧力をかけながら回転させます。

力を入れすぎるとどんぐりが割れたり、穴あけ具が滑って怪我をしたりするので注意が必要です。

穴は、下まで達する必要はありません。どんぐりの中ほどまで通ればよいでしょう。

中心に穴を開ける

② 芯を取り付ける

楊枝を（1）であけた穴に押し込みます。ボンドを少しつけてから入れた方がしっかり取り付けられます。

③ 完成

ボンドがかわいたら完成です。

模様や顔などをどんぐりに書けば、マイどんぐりごまができあがります。

長まわし競争、姿勢よくまわす競争、ベストペインティングなど、遊び方を工夫してみましょう。

@せいかつ

13 どんぐりやじろべえ

どんぐりが綱渡りをします。鉛筆の先に立つこともできます。バランス感覚抜群の「どんぐりやじろべえ」を作ってみましょう。どんぐりは3つ必要です。腕の長さや角度、足の長さ等がバランスを左右します。

● **作り方**

① 中心のどんぐりを1つ決めて、両手と1本足の3か所に穴を開けます。

② おもり用どんぐり2個には、1つ穴を開けます。

中心のどんぐり
●の部分に穴を開ける
おもり用どんぐり
おもり用どんぐり

③ 竹ひごを適当な長さに切り、図のように刺してどんぐりをつなぎ、短い1本足をつけて完成です。

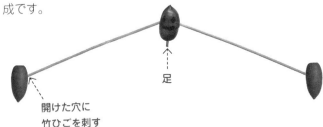

足
開けた穴に竹ひごを刺す

④ 腕の長さや角度などを変えて、どうすればバランスの良い「やじろべえ」になるか試してみましょう。うまくいくと綱渡りも鉛筆立ちもできますよ。

第5部 生活科に役立つ楽しい活動

1 ものづくり＠生活科

14
水インクで
落がき

　落がきをするとおこられますが、水インクなら大丈夫。グラウンドに大きな絵をかいてみましょう。

　ジョウロに水をたっぷり入れて、さて何をかきますか。消しゴムは使えないので慎重に。

　低い位置から出るようにすると水が飛び散らないので、比較的まっすぐにかけます。

○ 土、コンクリート、アスファルト、人工芝…かきやすい場所はどこでしょうか。
○ 晴れた日は水が蒸発しやすいですね。水が蒸発するとかいた絵はきれいに消えてしまいます。絵は、何分間くらいもつと思いますか。曇りの日はどうでしょうか。
○ ペットボトルでも挑戦してみてください。

@せいかつ

15
mini
ブーメラン

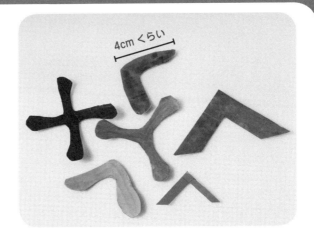

オーストラリアのアボリジニが狩りや儀式のときに使っていたとして有名です。投げると手元に戻ってくるという魅力的な動きをするので、子どものころ一度は遊んでみたいと思ったことがあるのではないでしょうか。戻ってくるのは揚力とジャイロの効果によるものとされていますが、複雑でそう簡単には理解できそうもありません。

@生活科では、よくある中型のブーメランではなく、掌に載るミニミニブーメランを作ってみましょう。

● **作り方**

材料は牛乳パック。写真の完成図を参考にして色々な形に切り抜きます。翼は中心からそれぞれ4cmくらいです。目分量で適当に作っても結構戻ってきます。飛んでいる姿を想像し、かっこよく作ってください。

ブーメランの形が切り抜けたら試しに飛ばします。片方の手の甲（左手）に載せ、もう片方の手で（右手）はじきます。

うまく戻ってきたら完成。色を付けたり名前を書いたりして、かっこよく仕上げてください。

16 ハンドフラワー

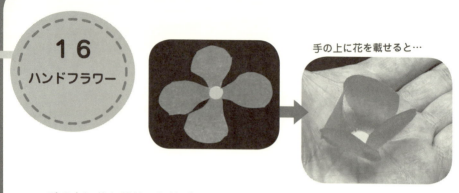

手の上に花を載せると花が閉じます。机に戻すとゆっくり開いていきます。また手に載せるとゆっくり閉じていきます。そんな不思議な花はいかがですか。

● 作り方

① 花びらを切り取る

材料はトレーシングペーパーです。掌に載せて紙が反る方向を確かめます。花びらの方向を間違えないように注意し、右の型紙に合わせて4枚切り取ります。

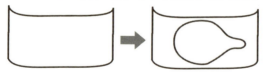

花びらの型紙

上のように反る時は…この方向です。間違えると花が閉じずに、筒状の花になります。

② 貼る

4枚の花びらを机の上にそっと置き、花芯の部分に丸シールをつけて貼り合わせます。（表と裏）

③ 完成

手の温度と湿り気で花が閉じます。机の上に置くと元に戻って花が開いたようになります。

@せいかつ

17 ひっつき虫

コシロノセンダングサ（花）

コシロノセンダングサ（実）

　この時期不用意に野原を歩くと、洋服や靴に何だかたくさんついてしまうことがあるでしょう。「ひっつき虫」とか「くっつき虫」とか呼んでいます。「虫」と言っても植物の種子です。動物や人間（も動物）について子孫を広くばらまこうという作戦です。日本のひっつき虫は50種類くらいあるそうですが、最近は随分見かけられなくなりました。ヌスビトハギも見かけられなくなりましたし、有名なオナモミは絶滅危惧種だそうです。（北米原産のオオオナモミは少し見られます。）

　写真はひっつき虫の一つ「コシロノセンダングサ」の花です。実になると「アメリカセンダングサ」と見分けがつきません。

　どこが種子なのか、どういうしくみでくっつくのか、よく見ると、植物の知恵がわかります。

1 ものづくり@生活科

ゴムと厚紙を使って、超簡単でスリリングなおもちゃを作ってみましょう。いつ跳ねるかわからない、気まぐれな「ピョン」です。

● 作り方

① **厚紙（工作用紙以上の硬い紙）を切ります。**
5㎝×12～14㎝ぐらいに切ります。

② **厚紙を半分に折る。**
長い方の中心から半分にします。

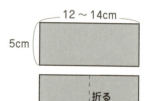

③ **切り込みを入れます。**
両端から1.5㎝のところに輪ゴムをかけるための切り込みを入れます。深さは5㎜くらいです。

④ **輪ゴムをかけます。**
8の字の形に輪ゴムをかけます。

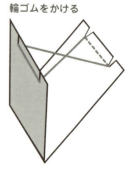

⑤ **完成・仕掛けます。**
折り目から反対に折って机の上に置きます。しばらくすると…ピョン！
○ 置き方や折り方等を変えて試してみましょう。

@せいかつ

19-1 回って飛ぶ種A

カエデの種子

　カエデの種子を見たことがありますか。9月〜10月頃、枝先付近にプロペラのような形をしたカエデの種子を見ることができます。この種子が熟すと、くるくる回りながらゆっくり降りてきます。風が吹くと高く舞い上がり、そこからまたくるくると回りながらゆっくり降りてきます。こうしてカエデは自分の種を広く播き、子孫をたくさん残そうとします。

　カエデの種子を真似して、くるくる回って飛ぶ模型を紙で作って飛ばしてみましょう。

● **作り方A　コピー用紙を使って**

① 8cm×3cmに細長く切ります。

② 短い方の中心にマークします。

③ 2の場所と長辺の反対側の角を直線で折ります。

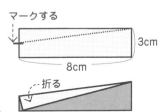

④ 一番短い辺を1cmくらい折り返します。

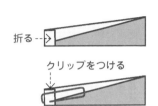

⑤ 折った部分にクリップのおもりをつけます。

⑥ 完成しました。投げ上げてみてください。

第5部　生活科に役立つ楽しい活動

✿ 89

19-2 回って飛ぶ種B

● 作り方B　折り紙で　（出典：ゴリラボ・大塩理科研究会HP）

① 1cmくらいずらして三角に折ります。

② 1の線に向かって両側から折り込みます。

③ 両側から半分に折ります。

④ 片方を更に半分に折ります。

⑤ 両側の合わせ目から折ります。
（横半分の感じに折る。）

⑥ 頂点が合うように縦半分に折ります。

⑦ 細い方を中心付近から直角に折ります。

⑧ 細い方を太い方に1周巻きます。

⑨ 最後の方は少しおり、挟んで止めます。

⑩ 完成です。投げ上げると回りながら降りてきます。

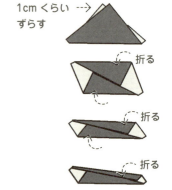

@せいかつ

2 0
簡単かざぐるま

　風に吹かれて、くるくると回るかざぐるま。回っているだけなのですが、思わず見入ってしまいます。かざぐるまが何本も回っていると、どことなく悲しげな、不思議な感じがしてくるのはどうしてでしょうか。

　近年、風力発電が増えてきました。クリーンエネルギーとして、風のエネルギーを電気エネルギーに変換して利用しようとしている今、もしかしたら今までとは違う目でかざぐるまを見つめるのかもしれません。

● **作り方**

① 折り紙を三角に2回折ります。
② 開いて、中心部分を2cmくらい残し、4つの角から折った線に沿って切り込みを入れます。
③ 右図の5か所に軸を通す穴を開けます。
④ 綿棒の片方の先を端から切ります。
⑤ 外側4か所 - 中心の穴の順に長い方の綿棒を通します。紙はふわっと集めてかざぐるまの形にします。
⑥ 綿棒の切り口に1.5×4cmくらいのダンボールの小片をさし込み、かざぐるまが抜けないようにします。
⑦ ダンボールのところを持って回します。持って歩いてもよく回ります。

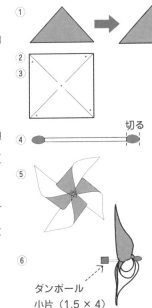

第5部　生活科に役立つ楽しい活動

1 ものづくり＠生活科

21 パックトンボ

　てのひらで、ピューンと回転させるだけでスーッと大空に上がっていく竹とんぼ。なんだか自分自身が飛んでいるみたいで気持ちがいいものです。
　竹とんぼの材料を手に入れ、小刀で薄く削っていくのはなかなか大変です。ここでは、牛乳パックで作ります。竹とんぼならぬ「パックトンボ」です。材料は牛乳パックとストロー、ホチキスです。ストローは細めで固めのもの、曲がらないストレートタイプにしてください。

● **作り方**

① 洗って乾かし、開いた牛乳パックを、角を中心にして 1.3cm × 12 〜 14cm くらいの短冊形に切り取ります。

② 下の図のように角を落とします。（危険防止です。）

③ 図の点線の部分をボールペンなどで印をつけ、折りやすくします。短い方が 1.2cm、長い方が 1.8cm です。この長さでプロペラのピッチが決まり、飛び方が変わります。

92

@せいかつ

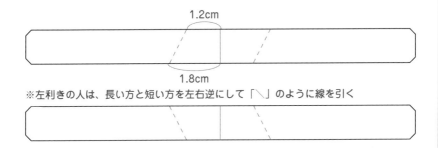

※左利きの人は、長い方と短い方を左右逆にして「＼」のように線を引く

④ ③でつけた印で山折りにします。またパックの折り目から半分に谷折りにしてプロペラの形を作ります。

⑤ ストローの先端を1.5cmくらいつぶして平らにし、折れた部分に切り込みを入れます。

⑥ ④で作ったプロペラの四角い部分（図の着色部）をつぶしたストローの口でくわえます。

⑦ くわえたプロペラをホチキスでしっかり留めます。裏、表の両側から合計2つ留めてください。ホチキスの針が×の形になります。

⑧ プロペラの形を整えて完成です。持ち運ぶときはプロペラを平らに伸ばすと便利です。

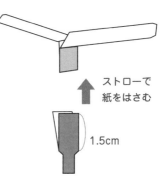

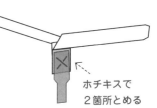

● 飛ばし方

① 左手の付け根付近に軸を置く。

② 右手の先、指の部分ではさむ。

③ 左手は動かさない。

④ 右手だけを勢いよく前に出し、右手が離れるまで回転を加える。

　※左利きの人は左右を逆に読み替えてください。

22 パラシュート

青い空に高く投げ上げると、パッと傘が開いてゆっくり降りてきます。ただそれだけなのに何回も投げ上げたくなる不思議な魅力があるようです。
レジ袋1枚（30〜40cmくらい）で2つできます。

● **作り方**

① レジ袋を切り開いて2枚の正方形シートにします。

② 三角に折り、もう一回三角に折り、もう一回三角に折ります。（合計3回）

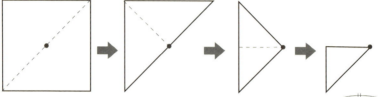

③ 開いたときに丸くなるように、中心から同じ長さのところで切ります。（二等辺三角形になる。）

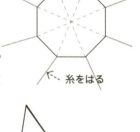

切る

④ 開くと8角形ができています。8つの頂点に糸をテープで張ります。

糸をはる

⑤ もう一度③のように折りたたみ、糸の長さをそろえてまとめて結びます。（糸の長さは傘の直径よりやや短め）余分な糸は切ります。

⑥ 結び目に洗濯ばさみを付けます。（おもりです。）2cmくらいのダブルクリップや目玉クリップでもOKです。

⑦ 完成。③の形にたたみ、おもりを傘で軽く包んで上に投げます。

糸をそろえて結び、切る。

洗濯ばさみなど

@せいかつ

23 小型空気砲

「空気砲」の名称の原点はドラえもんの道具だそうです。空気が瞬間的に出ると回転する空気の輪「渦輪」ができ、それが当たって火を消したり物を倒したりします。ネットではペットボトルと風船を使ったものがいくつか検索できるので、ここでは牛乳パックを使った超簡単バージョンを紹介します。

● 作り方

① 1リットルの牛乳パックをよく洗って乾かします。
② 注ぎ口の部分を、口が開いたままの状態になるようにテープで留めます。

テープで留める

③ 注ぎ口の下の部分をテープで留め、口が細くなるようにします。

テープで留める

④ 完成です。牛乳パックが壊れない程度にポン！とたたくと渦輪がでます。（見えませんが。）
⑤ ロウソクの炎を消す、紙を倒す等試してみましょう。
⑥ 線香の煙を入れると空気が飛んでいくのが見えます。（渦輪を見るのにはコツがいります。優しくたたいてみてください。）

両側から牛乳パックをたたく
空気が出る

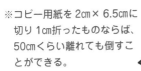
※コピー用紙を2cm×6.5cmに切り1cm折ったものならば、50cmくらい離れても倒すとができる。

第5部 生活科に役立つ楽しい活動

1 ものづくり@生活科

24
傘袋ロケット

　空気は目に見えません。空気に触っても「ここに有る」という感触が持てません。目に見えないけれど、触ってもよくわからないけれど、空気は確かにある。こんな科学の基礎になる感覚を小さい時に養っておきたいものです。

　細長い傘袋に空気をいっぱい入れます。そうすると何だか空気が見えるような気がするし、触ることもできそうです。空気の量によってふわふわだったり、ちょっと固くなったりします。やり投げのように投げると跳びそうです。おもりと翼をつけると傘袋ロケットが完成します。このロケットなら当たっても痛くありません。

　おもりの重さや翼の位置、形状等工夫すると跳び方も変わります。

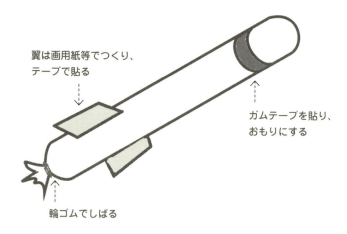

翼は画用紙等でつくり、テープで貼る

ガムテープを貼り、おもりにする

輪ゴムでしばる

96

@せいかつ

25 手袋お化け

空気はどんな形にもなれます。自分の息を使えば、空気の量を自由にコントロールして面白いおもちゃにすることができます。

ビニールの手袋に吹き込み口をつけて膨らませると、そこに描いてあったお化けが突然姿を現します。空気を追い出すとお化けは消えてしまいます。

● 作り方
① ビニール手袋（小さめのポリ袋でもOK）に、マジックでお化けを描きます。（お化けでなくてもよいです。好きなものを描きましょう。）

② 紙コップの下の方にストローが通る穴をあけます。
③ ストローの吹き口を下にして、下から②の穴にストローを差し込みます。

④ ストローの先に①の手袋（ポリ袋）を取り付けます。空気が漏れないようテープでしっかり付けます。
⑤ コップの中に手袋を押し込み、ストローから息を入れるとお化けが飛び出します。
⑥ 手袋をコップに押し込むとお化けは消えます。

穴をあける

テープで手袋をつける

第5部　生活科に役立つ楽しい活動

97

26 シャボン玉

水に洗剤を入れると表面張力が弱くなり、泡ができやすくなります。空に放せば、風に吹かれて気ままに飛んでいきます。暑い日は、シャボン玉遊びがぴったりです。

● **遊び方**

① **シャボン玉液の基本**

水（またはぬるま湯）に洗剤を入れます。台所用洗剤で、「界面活性剤（表面張力を弱くする）」が 30 〜 40％の物が使いやすいようです。

② **魔法の薬品… シャボン玉液に加えます。**

- 砂糖→水が蒸発しにくくなる。
- グリセリン→水が蒸発しにくくなる。
- PVA 洗濯糊→シャボン玉が割れにくくなる。

入れる量は研究が必要です。

③ **作るもの（吹いたり、引き流したり）**

- ストロー

太さを変えたり、先をわったり、何本か束ねたりすると出方が変わります。

- 針金など

針金に布や毛糸などを巻き、液がたっぷりつくようにします。

- ☆や△などにしたらどんなシャボン玉ができるでしょうか。

④ **シャボン玉の色**

色は薄さで決まります。液の色ではありません。

@せいかつ

27 冬芽・葉痕

アジサイ

右の写真は、何に見えるでしょうか。赤い帽子をかぶった女の子に見えませんか。

ユリノキ

では、この右の写真はどうでしょう。ニコニコしたお年寄りでしょうか。

他にもこんな顔を見つけました。

ヤエザクラ

サクラ

　帽子は春になると芽が出るところです。「冬芽」と言います。顔の部分は葉がついていた痕「葉痕」です。目や口に見えるところは維管束（水分や養分の通り道）があったところです。

　外は寒いですが、お天気の良い日は暖かくして虫眼鏡をもって自然探検をしてみてはどうでしょうか。

第5部　生活科に役立つ楽しい活動

99

2 ものづくり@理科

@理科

このコーナーの活動は**@生活科**として取り扱ってもよいのですが、理科の学習内容にフィットするので**@理科**としました。授業の導入や発展として活用できるでしょう。またちょっと空いた時間を使って、授業の箸休めにすることもできると思います。

子どものうちに、自然現象の楽しさや不思議さをたくさん味わわせたいものです。

	タイトル	ページ
28	風船クッション	101
29	針金アメンボ	102
30	太陽、月、地球	104
31	成長！塩の結晶	105
32	赤キャベツ液のマジック	106
33	落ちない水	107
34	グラスハープ	108
35	ビンのふたが勝手に動く！	109
36	マイナス20℃に挑戦！	110

@りか

28
風船クッション

　膨らませた風船にすわったらどうなると思いますか。当然割れますね。でもバケツを2つ使うと、割れなくなります。ふわふわの空気クッションを味わってみましょう。

● 遊び方

① 風船を3～4個膨らませ、口をしっかりしばります。
② バケツに膨らませた風船を入れます。
　　全ての体重がバケツにかかるので丈夫なバケツにします。
　（弱いとバケツが割れることがあります。）
③ 図のように2つ目のバケツでふたをします。

　　バケツの底に鋭い部分があると、それが風船を破って割れてしまいます。また、②のバケツと同じサイズのバケツを使うと、2つがぴったり重なって成功しやすいです。
④ さかさまにしてバケツの底が上になるようにします。
⑤ バケツの底に座ります。

　★2つのバケツの間の空間で、風船には均等に圧力がかかります。空気は圧力がかかると体積が減るので、風船部分全体の体積が小さくなります。体積が小さくなると風船のゴムの緊張がゆるみ、割れません。注射器の中に風船を入れてピストンを押しこんだ形になっているのです。

第5部　生活科に役立つ楽しい活動

❀ 101

2 ものづくり@理科

29
針金アメンボ

● アメンボ

甘いようなにおいがするところから「甘い - 坊」→「アメンボ」と名づけられました。脚は4本のようですが前方に1対（2本）の短い脚があるので6本です。（昆虫は6本脚）アメンボは忍者のように脚だけで浮かびます。秘密は次の3つだそうです。

ア　軽い。（0.02 g）
イ　脚に細かい毛が生えていて水の表面張力を利用。
ウ　脚から水をはじく油のような物を分泌している。

ウを作るのは難しそうですが、アとイはできそうです。細い針金でアメンボを作ってみましょう。

● 針金アメンボの作り方

① 0.3～0.4mmくらいの細い針金を10cm程度に切り、2本用意します。
② 中央で2本をねじり、4本脚にします。
③ 脚をアメンボのような形にします。脚先を長くして水に接する面積（長さ）が大きくなるようにします。（丸めてもOK）
④ 4本脚で水平に立てるように脚の角度を調節します。
⑤ 完成。そうっと、水平に水面に置きます。

102

@りか

● カラーモールアメンボ

　針金アメンボ発展形として手芸用のカラーモールでアメンボを作ってみましょう。モールは全面に細かい毛が生えているので、うまくいけば本物のアメンボのようによく浮かぶはずです。100円ショップのモールを使います。

① 1本約15cmのモールを中央から切り、2本にします。1本から1匹できます。
② 針金アメンボの時と同じように中央でねじって4本脚のアメンボ型にします。

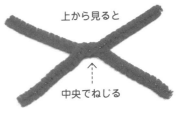
上から見ると
中央でねじる

③ 4本の脚の先を平らに長くします。
④ 針金の時と同様に4本の脚の長さをそろえ、4本の脚で水平に立つようにします。
⑤ 完成しました。水に浮かべます。軽く吹くと進みます。

　※最初は針金アメンボより浮かびやすいでしょう。

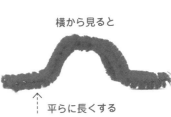
横から見ると
平らに長くする

　※脚先が1回濡れると浮かばなくなります。濡れると、モールの毛に水がしみこんで表面張力が働かなくなります。こんなときは一度乾かしてから、脚に防水スプレー（靴や革製品用）を軽く一吹きしてください。強力なアメンボになるはずです。（④で吹き付けてもOKです。）

2 ものづくり@理科

30 太陽、月、地球

　太陽直径約140万km。月直径約3500km。地球直径約1万3000km。太陽まで約1億5000万km。月まで約38万km。…ピンとこないので縮尺してみましょう。

【 校庭で比べる　9/10,000,000,000 に縮尺 】

	太陽	月	地球
直径	125cm=1m25cm	0.3cm	1.1cm
距離	13,500cm=135m	34.6cm	

① プラスチック段ボールを太陽の大きさに切ります。（半円を2つつなげます。）
② 月は0.3cmのビーズを使い、持ちやすいように楊枝に指します。
③ 月のビーズを自分から35cmのところに置きます。（35cmのテープ等を使うと良いです。）
④ 太陽と月は地球では同じくらいの大きさに見えるので、作った太陽が月と同じ大きさになるまで遠くに置きます。（135mくらいになるはずです。）
　※大きさと距離のイメージがつかめましたか。

【 黒板で比べる　3/100,000,000,000 に縮尺 】

	太陽	月	地球
直径	4.2cm	0.1mm	0.4mm
距離	4.5m	1.2cm	

@りか

31 成長！塩の結晶

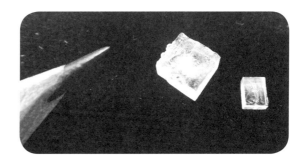

塩の結晶を見たことがありますか。きれいな立方体の形をしています。普通の食卓塩でもルーペ等で拡大すると結晶を見ることができます。ここでは、結晶を成長させて肉眼でも見えるようにします。

● **作り方**

① 塩の飽和水溶液（これ以上溶けない液）を作ります。

　塩の正体は塩化ナトリウム（NaCl）です。溶解度は30℃で35.89gです。（100gの水に溶ける量）一人20gの水で作るとすると20gの水には[20/100 = 1/5]なので[36.09/5=7.218]、約7.3 g溶かします。

　プリンカップ等の透明容器だと中が見えてよいです。

② 塩を完全に溶かすために少し温め、よく攪拌します。

③ 種になる塩の小さな結晶を1粒入れます。

④ ラップフィルムでふたをします。

⑤ 少しずつ水が蒸発するようにするために、フィルムに小さな穴を数個開けます。

⑥ 好きな大きさに結晶が成長するまで長く待ちます。半年や1年間くらい放置すると大きく育ちます。

★少しずつ結晶させることで大きな結晶に育ちます。

★塩は温度を上げても溶解度があまり変わらないので少しずつ水を減らす（自然蒸発）方法をとります。

2 ものづくり＠理科

32 赤キャベツ液のマジック

酸性、アルカリ性、覚えていますか。「液性」といいます。水素イオン濃度（ｐＨ…ピーエイチ）が7より低いと酸性、7より高いとアルカリ性で、7付近だと中性です。

小学校ではリトマス紙を使って調べます。（酸性→赤、アルカリ性→青）リトマス紙はリトマス苔から作りますが、ナスやシソの葉に含まれる色素（アントシアン）も同じように色が変わります。梅干しの酸性で、赤シソの葉のアントシアンがより赤くなります。

教科書には煮出す方法がよく掲載されているので、ここでは簡単な絞り出す方法で作ってみましょう。

● **作り方**

① 赤キャベツの葉を小さくします。（はさみでも手でも可）
② 厚手のチャック付きナイロン袋（5㎝×7㎝くらい）に①と小さじ1～2杯の水を入れます。
③ 手で押しつぶして紫色の液を絞り出します。（赤キャベツ液完成）
④ 完成。レモン汁、せっけん水、酢などとムラサキキャベツ液を混ぜて色の変化を楽しみます。
　※無くなったら水を入れ、もう一度液を絞り出します。

@ りか

33 落ちない水

コップに水を入れて逆さまにすれば、当然水はこぼれます。でも紙が1枚あれば逆さまにしてもこぼれません。

● 遊び方

① コップに水を入れます。
　水の量は自由です。少しにしたり、たっぷり入れたり、口すれすれまで入れたり、いろいろ試してみます。
② コップの口が完全にふさがる大きさのコピー用紙でふたをします。大きすぎると紙の重さで失敗するので、コップの口より一回り大きいくらいがよいです。
③ 紙を手でしっかり押さえながら逆さまにします。
④ 紙がコップの口にしっかり密着していることを確かめ、そうっと手を離します。
⑤ 失敗することもあるので、受け皿などを下に置き、水がこぼれても大丈夫なようにしておきます。
　★紙とコップの境界は水の表面張力の力が頑張ってふたをしています。
　★水が落ちてこないのは大気圧が下から押しているからです。
　★硬さが違うプラコップ、茶わんなどで試してみましょう。

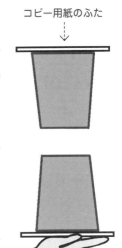

コピー用紙のふた

手で押さえながら逆さまにする

手を離す

107

34 グラスハープ

グラスの口を指でこすると、澄んだ音が聞こえてきます。グラスの大きさや中に入れる水の量で音の高さが変わるので、いろいろな音程のものを用意すればグラスハープと呼ばれる楽器になります。

● **音の鳴らし方**

① 音の鳴りそうなグラスを用意します。（次のようなグラスは音が鳴りやすい。）
　●うすいガラス製のグラス　●ワイングラス　など

② 指に水をつけます。
　※バイオリンの弓につける松脂と同じような働きをしています。

③ グラスの口を濡れた指でこすります。力を入れても、そっとこすっても鳴りません。滑り過ぎず、引っ掛かり過ぎずの状態にしてこすると鳴ります。
　★水面を見ると音が振動だということがわかります。

④ 水を入れて音の高さの変化を調べます。
　★水が多い→ガラスが重くなった状態→振えにくい→振動数が少ない→音が下がる
　★大きいグラスは小さいグラスに比べて高い音が出るのか、それとも低い音が出るのか。
　★大きいグラス→振えにくい→振動数が少ない→音が低い

@りか

紙を吹いて、笛のように音を出してみましょう。

空き瓶口に逆さまにしたふたを乗せ、瓶を両手で包むと…ふたはカタカタと音を立てて動き始めます。

● **音の鳴らし方**

① 700mlくらいの空き瓶を用意します。

② 瓶のふた、またはコイン（100円玉か500円玉がよいです。穴あきコインは×）を水で軽く濡らし、口のところにおきます。
（ふたは逆さまに置きます）

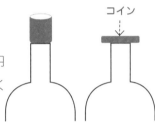

③ 両手で瓶の中央部分を包み、しばらく待ちます。

ふた（コイン）はカタカタと動きましたか。

※再度実験すると動き方はどうなるでしょうか。

※手のどんな力がふた（コイン）に作用したのでしょうか。

★両手で包む→温める→瓶の中の空気が温まる→空気が膨張する→口から出ようとする→ふた（コイン）を押し上げる

★ふた（コイン）の重さで再度口がふさがる→空気が膨張して出ようとし、ふた（コイン）を押し上げる

★以上のことが繰り返されてカタカタと動きます。

★瓶を冷やしてから行うとよく動きます。

36 マイナス20℃に挑戦！

　水は何度で氷になるでしょうか。０℃ですね。でも本当は、水が氷になる時（液体が個体になる時）の温度を０℃と決めたのです。０℃は摂氏０度と読みます。摂氏はセルシウス氏という意味でスウェーデンの天文学者、セルシウスさんのことです。セルシウスさんは、水が個体になる時と気体になる時の温度を１００等分しようと考えました。

　強力な冷蔵庫を使わず、氷だけでマイナス２０℃に挑戦します。氷に食塩（寒剤）を混ぜると０℃より温度が下がります。（凝固点降下★）

● 実験方法

① ビーカーに氷を入れます。
② 温度を測ります。（大体０℃のはずです。）
③ 食塩を入れて混ぜ、温度を測ります。

　　（温度が下がります。）

　※氷が大きい場合は、砕いたり少量の水を入れたりします。

　※食塩の量を増やすと温度はどうなりますか。

　※試験管に水を入れて冷やした氷の中に入れ、氷になる様子を調べてもよいです。

　★食塩を入れると凍る速度が遅くなり、融ける方が多くなります。氷が融けるときには周りの熱を奪うので温度が下がります。

おわりに

　大学で生活科の授業をするためのテキストを探しましたが適当なものが見当たらず、毎回プリントを作成して授業を行いました。半期2講座の授業を終えて、蓄積したプリントを出版できないか、と考えていたところ学校図書さんからうれしい申し出があって出版の運びとなりました。

　大学での授業だけでなく、現場の先生方が読んでも参考になるような内容を目指すとともに、忙しい先生方が使いやすいように平易な文体と図を多用するよう心掛けました。論文調ではなく、ハウツーでもなく、教科書ガイドでもない1冊に仕上がったと思っています。

　最後になりましたが、適切なアドバイスを頂き、丁寧に編集していただいた学校図書株式会社、野口恵美さんに感謝いたします。

2018年9月12日　　末永　昇一

● 著者プロフィール

末永　昇一（すえなが　しょういち）

　1954年、千葉県千葉市生まれ。1977年千葉大学教育学部卒業後、千葉市立検見川小学校、千葉市立幸町第二小学校、千葉大学教育学部附属小学校、千葉市立寒川小学校教諭。千葉市立土気南小学校教頭、千葉市教育委員会指導主事、千葉市教育センター主任指導主事、千葉市立土気南小学校校長、千葉市立稲丘小学校校長。2015年退職後千葉市稲毛公民館長。2017年4月より淑徳大学で理科と生活科を担当。現在に至る。

　日本初等理科教育研究会会員として生活科・理科の教育研究に取り組み2012～2015年同会の理事長を務める。

　『作り直しでアイディアがどんどんふくらむ楽しいモノづくり』（学事出版）、『小学校理科授業クリニック』（共著・学事出版）等多くの執筆を手がけている。

ここから始める 生活科　　　　　レベルアップ 授業力

平成30年9月20日　初版第1刷発行
令和 3年4月 3日　　第2刷発行

著　者　末永　昇一
発行者　芹澤　克明
発行所　学校図書株式会社
　　　　〒114-0001　東京都北区東十条3-10-36
　　　　電話　03-5843-9432
　　　　FAX　03-5843-9438
　　　　URL http://www.gakuto.co.jp　　　　（カバーイラスト）末永 昇一

© Shoichi Suenaga
ISBN978-4-7625-0232-3　C3037